U0089393

古代歷史文化研究輯刊

十九編

王明蓀主編

第24冊

司馬遷的史學批判與《史記》的建構（上）

楊庭懿著

國家圖書館出版品預行編目資料

司馬遷的史學批判與《史記》的建構（上）／楊庭懿 著 — 初版 — 新北市：花木蘭文化事業有限公司，2018〔民 107〕

目 4+136 面；19×26 公分

（古代歷史文化研究輯刊 十九編；第 24 冊）

ISBN 978-986-485-420-2（精裝）

1.（漢）司馬遷 2. 史記 3. 史學評論

618 107002321

ISBN-978-986-485-420-2

9 789864 854202

古代歷史文化研究輯刊

十九編 第二四冊 ISBN：978-986-485-420-2

司馬遷的史學批判與《史記》的建構（上）

作　　者 楊庭懿

主　　編 王明蓀

總 編 輯 杜潔祥

副總編輯 楊嘉樂

編　　輯 許郁翎、王筑　美術編輯 陳逸婷

出　　版 花木蘭文化事業有限公司

發 行 人 高小娟

聯絡地址 235 新北市中和區中安街七二號十三樓

電話：02-2923-1455／傳眞：02-2923-1452

網　　址 http://www.huamulan.tw 信箱 hml 810518@gmail.com

印　　刷 普羅文化出版廣告事業

初　　版 2018 年 3 月

全書字數 239738 字

定　　價 十九編 39 冊（精裝）台幣 100,000 元

司馬遷的史學批判與《史記》的建構（上）

楊庭懿 著

作者簡介

楊庭懿，臺灣高雄人，一九八六年生。世新大學中文研究所碩士畢業。目前爲世新大學中文系兼任講師，曾教授敘事文學、現代文學等課程。

提　　要

司馬遷著《史記》的重要目的，是爲了「述往事，思來者」，所以藉由周公、孔子回顧歷史教訓、借重歷史經驗的思辨模式，確立自己以「論治」爲其歷史研究的核心信念。故可說，就司馬遷從事歷史研究的目的而言，乃在回應人們對於「求治」的期盼；就歷史研究的作用來看，則在於尋求「得治」的方法。

由於人性是複雜的，爲了因應複雜的人性所衍生而出的各種價值認知，史遷從已往的歷史中，搜羅大量的人事案例，加以歸納分析，讓單一的道德價值觀，能轉化出更多元的面向。同時，複雜的人性也使得社會關係的互動，變得更加詭譎而難以測度，加重了個人生存於其中的困難和心靈負擔上的苦悶，史遷則藉由張良、婁敬等以洞察先機、審時度勢聞名的智者爲例，提供人們省思借鑒的方向。

但光說理是不夠的，必須建立在紮實的證據上，方能成爲足以說服人心的基石。爲使「歷史」不爲人所濫用，他立下嚴謹的準則，使「歷史研究」走向專業化。無論是關於史料的蒐集、分類、汰選、整合，以及文本的編纂等等，他都一一顧慮得失、解決疑難。故而五體的設立，和「互見」、「序贊」等不明文的義法條例，都是在他省思、批判前人史學思想和方法之後的結晶。

本論文在司馬遷此種思辨流程的架構下，針對其要旨、精神、方法諸端進行探究，並藉由近代西方史學在方法、理論等方面的成果，以對照司馬遷於著作所展現出來的先見，說明「歷史知識」自有其超乎時空限制、顛撲不破的客觀眞理存在，更用以證明《史記》之所以能成爲卓犖千古巨著的原因。

目次

上　冊

下　冊

第壹章　緒　論

第一節　研究動機與目的

《史記》的完成，意味著中國史學的發展走向另一嶄新局面。雖然其內在思維，仍帶有《春秋》「貶天子，退諸侯，討大夫，以達王事而已矣」（〈太史公自序〉）〔註 1〕的宗經思想，但更重要的是司馬遷抓緊了孔子：「載之空言，不如見之行事之深切著明也」的根本原則，通過自成體系的思想內涵與著述結構，有意識地透過具體的方法蒐集、汰選、考證史料，並且按部就班的綜合排佈在既定的架構之中。

據此而言，倘若一門學科的獨立要件必須包含完整的科學方法與理論系統，則《史記》文本的完成，即已代表中國史學於內在思維方面宣告獨立，不再屬於已往只是含糊、片面式的概念。

然而此種成就，並非代表全然因著司馬遷的天資卓越，方能完成《史記》此一曠世巨著。眞正奠基其於中國史學史上不祧之宗的崇高地位，實是別有所在。

因爲每個人於初起時，所擁有的是一個主觀的世界，而不是用自己的能力組織起來的眞實世界。如德羅伊森所言：

〔註 1〕本論文所引之《史記》本文，皆以洪氏出版社《史記三家注》爲主；若有版本差異甚大，以至於影響本論文之闡述者，筆者皆會另加註解說明。除外，則不再另外標明出處。

組織真實世界的歷史工作，是晚後才逐漸出現的。只有消化力增加，精神力壯大以後，外在真實的事物在我們腦海思潮中有了它們確切的地位之後，即，我們能夠把外在事物及我們對它們的印象歸類、定位，能夠比較、檢驗其細微的差別矛盾之後，我們才開始有史學工作。〔註2〕

針對德羅伊森此語，筆者需稍作說明，即「歷史研究」（即德羅伊森所指的「歷史工作」）與「史學研究」（即德羅伊森所指的「史學工作」）當視為兩種大小有別的集合關係。前者可以囊括後者，而後者卻不全然等於前者。

筆者認為：「歷史研究」，乃是人基於對未來一無所知的焦躁不安（anxiety），〔註3〕進而在理性力量的運作下，觸發其「憂患意識」；因「憂患意識」驅使，以尋索消除焦慮的方法；而在此目的前提下，轉向過去的記憶或經驗（無論是個人的過去，抑或群體的過去）尋求幫助，整個動作過程，即是「歷史研究」。

同時，我們亦可將此動作過程，視作個人「歷史意識」的覺醒。何謂「歷史意識」（historical conscioussness）？就現代科學化的歷史學定義而言，它「不是一種關於過去的、按正確比例縮小化的模型，而是一種心靈現象，亦即在帶有詮釋與意義賦予特徵的敘述結構中被回憶起的、重要的過去。」〔註4〕換言之，「歷史意識」代表著人因當下環境的需要，繼而通過往事的追溯、探究，

〔註2〕〔德〕約翰・古斯塔夫・德羅伊森（Droysen Johann Gustav，1808～1884）著；胡昌智　譯：《歷史知識理論・方法論》，頁22。

〔註3〕陳鼓應對於「焦慮感」有十分明確的闡釋，首先，他指出「焦慮」（anxiety）與「恐懼」（fear）的差別在於：「恐懼是有某種特定的對象（如恐懼槍彈、恐懼車禍），而焦慮是沒有特定的對象（如怖慄黑暗、怖慄孤獨），它展露了人生內在的不穩定性」，又進一步解釋到：「一個人可以不清楚他焦慮的原因，但他不可能不知道焦慮的感覺。然而這感覺卻無法理解或說明。在存在的焦慮中，人並非被某種確定的事物所威脅，而是被一種不可名狀的憂慮所困惱。如果焦慮的對象可被決定，人或許能起來衛護，排除危險，而重獲他的安全。」筆者所謂的「一無所知的焦躁不安」，即是指此種狀態描述。需要特別說明的是，凡本論文述及「恐懼」與「焦慮」之處，所指涉之內容，並不全然循陳氏所言，有非常明確的分野；因為筆者之目的，旨在說明：人作為一個孤獨的個體，在面對生存的壓力與未知的未來時，其必然產生的心理狀態；故而無論言及「恐懼」、或「焦慮」、或「焦躁」等詞彙，所指皆為同義，於此特作說明。參見陳鼓應：《存在主義》，頁20。

〔註4〕〔德〕斯特凡・約爾丹（Stefan Jordan，1967～）主編：《歷史科學基本概念辭典》，頁82。

以獲得鑑戒、指南的積極意圖。就客觀角度而言，歷史意識代表對於「過往」與「現實」具備聯繫延伸關係的肯定。

但也正因爲「歷史意識」，人對於「歷史」產生新的憂慮：一是從「歷史」的趨勢發覺不可抗力因素的存在，如周公便在呼籲臣民要記住歷史教訓的同時，將人事的禍福與「天」進行連結（參第貳章「周公史學精神的繼承」小節）；另一則是發現到「歷史研究」的功能遭到濫用，在「歷史意識」中理性力量的節制下，「求眞、紀實」本是一種基本的責任共識，但人有「求眞的自覺」爲一事，能有「求眞的方法」，並落實於具體的研究之上又是一事；在缺乏明確原則規範的情形下，便很有可能產生史事的曲解或妄作比附、濫用其意，此可視爲「歷史研究」可能會產生的負面效應。

在兩種憂慮的逼迫下，富有「歷史意識」者，遂重新訴諸於「歷史研究」的探索，因而理出得以規範「歷史研究」此一方法的系統原則，此則屬於「史學研究」的範疇。意即「歷史」的本體爲何？應當如何認識「歷史」？又應當如何運用「歷史」？等諸多關於「歷史」的疑問與因應之道的學問。

是以，筆者認爲：「史學研究」可以囊括於「歷史研究」之中，而「歷史研究」卻不全然等同於「史學研究」。

既然「歷史研究」的目的，便是從過往的史事中，提煉出可靠的歷史知識，以供現實人生的借鑒、指南之用。而中國人很早就意識到歷史知識的用途，換言之，中國人的「歷史意識」其實很早便已覺醒，如《詩經・大雅・蕩》云：「殷鑑不遠，在夏后之世」。因著這層緣故，對於直接史料、文獻的運用也就特別重視，如周公嘗云：「惟爾知殷先人有冊有典，殷革夏命。」（《尚書・多士》）〔註 5〕但懂得運用史料是一回事，能否客觀地解釋史料則又是另一回事。

再者，史料在收藏過程中，由於抄寫轉錄的失誤、天災人禍等不可抗力的因素，以及將史事載錄爲文字紀錄的目擊者、執筆者的主觀描述等，都會使得文獻暨文獻解釋的眞實性，產生許多複雜的變數。

因上述種種的問題，遂產生相應的解決辦法，這些辦法成爲一條條零碎、散亂的原則，通過春秋、戰國、漢初諸學人的口耳傳授中一代又一代的繼承下去，直至司馬遷方將此零碎的概念，置於反省眼光的檢視下，統合成一完

〔註 5〕本論文所引之《十三經》本文，皆以中華書局《唐宋注疏十三經》爲主，以下不再另行註解。

整具系統的理論思維，運用《史記》五體的架構及其中的敘事以寄寓其思想和理解，而中國史學亦因此產生。

但我們如何能得知司馬遷所樹立的關於「史學研究」的規範就是正確的呢？而《史記》關於國家、社會，乃至於個人的敘事都是眞實的呢？答案是「不能」！因爲「眞實」永遠已經逝去，而「歷史研究」的對象也不是「眞實」，如同德羅伊森所形容：

> 歷史研究的對象不是過去（Vergangenheit）；因爲過去已經逝去。歷史研究的對象是此時此地，還沒有完全逝去的過去。譬如說，對某事的記憶，或往事的遺跡。〔註6〕

又說：

> 我們可以說，歷史是極其有限的；因爲它實際上只是我們從現今回溯過去而認識到的部份。它確實是非常片面而不夠龐大；它只是過去事情中與我們現今有關事件的安排與組合。〔註7〕

是以，筆者認爲「歷史研究」是無法獲得絕對客觀而眞實的歷史，每個歷史知識或文本的誕生，都是研究者自體經驗增長的反映，都是自我論證過程的結晶，至於它的定位永遠是相對與浮動的。而讀者通過閱讀產生理解，並與作者進行商榷，再從想像的過去中，獲得面對未來的勇氣。這些便是歷史研究的目的，便是史學存在的價值。

以上所述，並非筆者個人之玄想。回顧《史記》全書，觀察司馬遷寄寓其中的思想概念，他固然對於自己所書寫的內容、對人物的批評等的客觀性極具信心，但也未必然即將《史記》視作一字千金的不刊之作，如〈高祖功臣侯者年表序〉，司馬遷曰：

> 於是謹其終始，表其文；頗有所不盡本末，著其明，疑者闕之。後有君子，欲推而列之，得以覽焉。

司馬遷說：我謹愼地將諸人事的始末陳列清楚，略加說明；或有無法完全交代其來龍去脈者，將可以呈現的盡量呈現，無法呈現仍需商榷的，就闕疑。後世若有方家君子欲進而接續研究者，至少可以有憑藉的媒介。

〔註6〕〔德〕約翰·古斯塔夫·德羅伊森（Droysen Johann Gustav，1808～1884）著；胡昌智 譯：《歷史知識理論·序言》，頁9。

〔註7〕〔德〕約翰·古斯塔夫·德羅伊森（Droysen Johann Gustav，1808～1884）著；胡昌智 譯：《歷史知識理論·方法論》，頁18。

正由於司馬遷不將自己的著作視作權威，他也就無懼挑戰權威。班固嘗斥其爲：

> 是非頗繆於聖人，論大道則先黃老而後《六經》，序游俠則退處士而進姦雄，述貨殖則崇勢利而羞賤貧，此其所蔽也。（《漢書・司馬遷傳》）〔註 8〕

然班固所斥之「蔽」，正巧就是司馬遷不避權威的證據。爲遭到扭曲的事實進行平反（參第肆章「歷史研究與問題意識的雙生關係」小節），爲勇於抵抗流俗的義士或駕馭時風的智者存名鑑世，爲道德理想與現實權變的矛盾進行調和等，都體現出司馬遷不循傳統「視道德爲唯一」的「多元價值觀念」。而此多元價值觀，亦正是司馬遷敢於質疑、挑戰權威的核心動力所在，亦是《史記》所欲呈現的內涵。如同德羅伊森所言：

> 找尋理念的歷史工作者，該常記在心的是：歷史工作的目的，不是把一堆實際的事情轉化爲抽象的概念；其目的是在於把潮流的方向、事物所屬的潮流認清，以及固定住它們。研究歷史不可忘記理念是依附在活生生的人的身上。〔註 9〕

由此反觀司馬遷引孔子語「我欲載之空言，不如見之於行事之深切著明也」（〈太史公自序〉）的表白，不即是寧可專注於具體人事潮流之始末方向的掌握，而不願空談說理的明志宣告嗎？

是以，我們可以說司馬遷藉由《史記》的文本，寄寓著他對「歷史研究」的體悟以及「史學研究」的批判成果，欲提供他的「讀者」（即〈太史公自序〉中的「聖人君子」）一個可供對話、商榷的平台。當讀者個人對於「自我存在意義」感到迷惘、或有追尋之企圖時，便可藉由《史記》中各種經過嚴格汰選下「人工定位的歷史眞實」，通過直接的接觸與觀察，逐漸思辨、勾勒成一個日趨清楚的輪廓，乃至於目標，進以消除對未來一無所知的焦慮不安。

尤其是司馬遷同樣作爲一個孤獨而焦慮的個體，他透過與過往史事互動、商榷，以砥礪自我、面對外來的思辨過程，即爲他的讀者立下具體實踐的典範；其過程，借用徐復觀的描述，即實際的「以自己所面對的具體地人

〔註 8〕 本論文所引之《漢書》本文，皆以鼎文書局《漢書》爲主，以下不再另行註解。

〔註 9〕 〔德〕約翰・古斯塔夫・德羅伊森（Droysen Johann Gustav，1808～1884）著；胡昌智 譯：《歷史知識理論・方法論》，頁 45。

生、社會問題，而作觀察、體驗、思考、實踐的活動」，且主要依靠這種活動以達到所要達到的目的、結論。〔註 10〕這是一種通過知識文本的汲取，以及借重生活實際的體驗，兩者並行進以尋索自我存在意義的實踐經歷。

至如「存在意義」的「價值判定」，並不全然以道德為依歸，它帶有多元且浮動的性質，唯有個人能因其所處之環境、所遭遇之背景，決定其定向；觀者亦須瞭解此環境、此背景等因素，結合時間序列、整理始末行事，方能理出批判此「價值認知」最適切之標準何在。正如司馬遷於〈伯夷列傳〉中對自己作《史記》的期許：「雲從龍，風從虎，聖人作而萬物睹」。司馬遷即是那睹萬物而作的聖人，提供他的前人與後世一個可以定居與跟從的處所。而本論文之目的，就在於通過現代西方史學觀點與《史記》的共通，以說明眞理實有其客觀存在的跡證，而史遷於兩千多年前便已多所闡發。至於其如何闡發、如何被闡發等種種因素與動力，皆屬本論文接下來所欲討論之方向與目標。

第二節　分立章節旨意

本論文在章節架構上，擬從考察司馬遷對前人史學思想、精神、方法之繼承與批判，通過《史記》文本結構的安排，以思辨《史記》的建構過程和方法。同時，探討司馬遷如何將此思辨過程之體悟，運用於具體的人事觀察上，以凝鍊為歷史知識，而垂諸後世「聖人君子」。

第壹章

此為本論文之研究緒論。在本章中，對本論文的研究動機及目的作完整之說明，並略陳本論文所討論的方向與涉及的問題。同時對前人的研究成果進行介紹，並試作評論。

第貳章

本章企圖從三個方面以說明司馬遷「歷史意識」的源流，以及現實環境的困難、家世背景的責任壓力等，對他所造成的影響。

以史學觀念的傳承來說，周公通過「憂患意識」的自覺，以尋求「歷史經驗」的幫助，並通過「天命無常」的歷史觀與「文王精神」的實踐，分別從消極面和積極面，以倡言肯定「歷史」的作用。

〔註 10〕徐復觀：《中國人性論史：先秦篇》，頁 458。

此種肯定歷史作用的精神，後來爲孔子所繼承。孔子鑑於社會動盪、倫理秩序的衰頹，依循周公的模式，回歸於「歷史經驗」的教訓；又有鑑於周公僅訴諸禮制形式上的完備，卻忽略了社會秩序穩定的力量，不單是天子、諸侯、大夫之責任，乃是每一個人的職責。故而他一方面整理經典，以凸顯現實倫理的失序墮落，一方面提倡歷史教育，以啓迪民智。使形式上的禮儀規範，能內化爲日常生活的行爲法度，當人皆可以爲堯舜時，天下何患不治平。

遺憾的是，戰國興起的競尙利祿之風氣，掀起了一股徹底破壞舊制度的時代趨勢。知識的啓迪，反而成爲加速禮樂制度崩解的助力，原先使人得免於恐懼威脅的「歷史研究」的力量，一轉而爲心術不正的知識份子取利謀權的工具。「歷史知識」的濫用，亦由此時開始。而《史記》中則不乏司馬遷對此不良風氣的批判，與對事實眞相的釐正。

以現實問題而言，漢朝繼承秦代大一統國家的局勢，但秦朝不久即亡滅的歷史鑑戒猶歷歷在目，使當政者無不戰慄惶恐。故研究秦國如何滅亡？何以滅亡？便成爲蔚爲一時風潮之顯學。

而當天下太平、局勢穩定後，文化、學術開始得以復興並進一步發展。但人性的好利猶未轉變，於是在歷經文景諸帝的休養生息、繁華富庶後，學術遂在此驕奢成風的環境中，日趨下流，阿倚君王以謀求利益。

最後，從司馬談父子的家世背景而言，兩人同樣背負著世典周史的職責信念，如何重振中衰的史官家業，則是兩人相繼深思的重要課題。另外，司馬遷因遭遇「湛溺累泄」的災難，使其較父親有更切身的人生體認，致使《史記》的完成，不單是家族事業延續、家族是否聲名重振的象徵，更是司馬遷省思存在意義的自我救贖過程。

第參章

本章旨在闡述司馬遷以「論治」爲其「歷史研究」之核心信念的具體內涵，以及司馬遷在「歷史研究」的過程中，從原先欲繼承父志「宣揚漢德」，轉向思考老子「天道無親」之義，及「義人受苦」的歷史現實，以見大我的思辨過程。

第肆章

本章企圖從歷史編纂的角度，討論司馬遷在從事史料考據時的基本原則及其具體步驟。

一個歷史研究工作的完成，大抵可分成三個步驟：蒐集資料、考證資料，最後是綜合資料；綜合資料的篇幅又可依據研究主題或研究目的的不同決定其篇幅，小至一條史料的考證報告，大至一個主題斷代的敘事論述，皆可納入綜合資料的討論當中。而綜合資料之內容如何表現，又決定於主筆者其切入的視角（包括其意識形態、理論模型或終極關懷等），故而同樣的題材，由不同的史學家處理，產生截然不同的面貌或評價是可以理解的，否則如同《史》、《漢》比較之類的研究將毫無意義可言。

故而本章所要論究的，乃是司馬遷如何蒐集資料、考證資料及綜合資料，第一節專注於說明史遷蒐集史料的類別及範疇；第二節則分析其在綜合史料此一過程中，背後的問題意識以及具體操作的細節。

第伍章

史書體裁作爲歷史外在的表現形式，一定程度上反映了述史者（或述史群）對於史學的理解、修養及其價值認同。是以，在此前提之上，本章意在探討司馬遷設立五體的思辨過程，以及寄寓於體裁形式當中的內在意旨。

第陸章

人作爲群居之動物，實無法不與周遭環境、人事產生互動。而「歷史」則是紀錄此互動過程之衝激、磨合之過程。此章欲考察司馬遷於「歷史研究」過程中對人性複雜多變、社會時風趨向的觀察與判斷。尤其是「歷史的眞相」往往容易爲人物行事之表相所掩蓋，而世俗中的人云亦云，更加速了事實的扭曲。通過《史記》中一些人物傳記的考察，以理解司馬遷如何破除迷障，還原歷史事實，並賦予人物適切評價之原則和方法。

同時，多元價值觀的認同，亦展現司馬遷不拘束於權威、傳統的開放精神。其以尋找不同價值觀之「義」，爲其戮力之方向目標。

然而，人類尋索自我價值認同的努力，固然值得讚許，然各類事件中不可抗力的存在，仍是不容抹滅、忽視的客觀問題。社會環境的改變、社會風氣的變化，都增加生存於其中之人的困難度。司馬遷欲藉由《史記》以提供其讀者一可供思索的方向，因張良與婁敬都證明了環境不僅可被克服，還能被掌握。

第柒章

本章爲本論文之結論，回顧全文的研究，並陳述司馬遷之史學批判與《史記》建構的現代價值。

第三節　相關研究述評

自《史記》成書迄今將近兩千一百年，〔註 11〕與《史記》相關的注疏、評論、考證、引用等研究著述難以計數；乃至於現代，無論是從「全國博碩士論文資訊網」、〔註 12〕「台灣期刊論文索引系統」、〔註 13〕「台灣文史哲論文集篇目索引系統」、〔註 14〕「中國期刊全文數據庫」〔註 15〕等較爲人所知的檢索網站，皆能搜尋到爲數甚豐以「史記及其相關內容」爲主軸的研究論文，更遑論每年仍不斷推陳出新的研究著作。

更值得注意的是，邁入二十一世紀初，「中國史記研究會」於 2001 年正式在中國大陸成立。兩年後，大陸學者張新科出版《史記學概論》（以下簡稱《概論》）一書，全書共分作七論十七章，全面的闡述「史記學」的範疇、價值、源流、本質、方法等內容，爲首度構建「史記學」的模式與框架的學者。〔註 16〕

隔年，由大陸學者張大可、安平秋、俞樟華主編，自 1994 年起至 2003 年止，耗費將近十年時光，編成《史記》研究領域的集大成之作《史記研究集成》（以下簡稱《集成》）終告完成出版，凡十四卷，共 498 萬言，〔註 17〕爬梳、整理歷代《史記》研究論著共 288 部、研究論文共 3500 篇、作者兩千多人的思想結晶，討論範圍涉及司馬遷的生平、史學、文學、思想，甚或文獻流傳與編纂、版本及三家注、研究史與研究家等包羅萬象，涵蓋範圍無論是從廣度或深度而言，都是現代有志於從事《史記》研究者不得不重視、參考的重要叢書；亦是企欲從事《史記》研究的莘莘學子得免於冥搜孤討之苦的入門經典。〔註 18〕

然而，人事之發展總是一體兩面，一則以喜，一則以憂。《史記研究集成》所述載之詳備，確實使人免於蒐集資料之苦的窘境；但也正因其書述載之詳

〔註 11〕關於司馬遷生卒年大抵與武帝相終始，而昭帝始元元年爲西元前八十六年，以此爲史遷書成之斷限，推算至今爲兩千零九十八年。

〔註 12〕http://ndltd.ncl.edu.tw/cgi-bin/gs32/gsweb.cgi/ccd=gbyquE/webmge?Geticket=1

〔註 13〕http://readopac.ncl.edu.tw/nclJournal/

〔註 14〕http://memory.ncl.edu.tw/tm_sd/index.jsp

〔註 15〕http://cnki50.csis.com.tw/kns50/Navigator.aspx?ID=CJFD

〔註 16〕張新科：《史記學概論・序言》，頁 1。

〔註 17〕張大可、安平秋、俞樟華 主編：《史記研究集成・出版序》，頁 1。

〔註 18〕張大可、安平秋、俞樟華 主編：《史記研究集成・緣起序》，頁 2～6。

備，讓人不得不望之卻步，徒生「一部《史記》，卻不知從何說起」的慨嘆。如張新科便根據日本學者池田英雄〈最近五十年來〈史記〉研究的展開（1945～1995）——日中研究的比較及其長短〉一文中所分類的《史記》研究項目所總結 26 門、204 項的基礎上再加以補充，擴展為 35 門、278 項。倘若研究者要一一加以探討評述，實不免失於蕪蔓且曠時廢日。

據是，本論文於研究文獻之回顧上，大抵以四個面相為主軸：

一、《史記》注釋相關著作

二、《史記》通論及專題研究相關著作

三、《史記》文本史料溯源研究相關著作

四、史學思想概論著作

以上四類為筆者在進行對前人研究述評時，選擇的評斷標準，同時也是本論文主要借重參考之文獻。不在此標準之內的，則不予論述；或有雖在此標準內，然筆者未能寓目、參考者，亦不論列，雖不免有遺珠之憾，然學海無涯，實非筆者時日所能及。

在內容敘述方面，大抵以介紹文本為主，輔以個人閱讀之理解，希望能夠由此方式，獲研究從入之途。

1.《史記》注釋相關著作

（1）《史記三家注》（〔宋〕裴駰《集解》；〔唐〕司馬貞《索隱》；〔唐〕張守節《正義》）

關於「史記研究」的變化發展，根據張新科《概論・源流論》中斷作五期，以漢魏六朝為萌芽期、唐宋為形成期、元明為發展期，清代為高潮期、近現代為轉折期；並針對近現代《史記》學之討論新闢一章，細分為初見成效期、逐步深入期、全面豐收期。以上凡兩章八期。〔註 19〕至於《集成・史記研究史》中則分作八章，除唐、宋、元、明各自分作四章，再加入「漢代」新獨立一章，「清代至建國（中華人民共和國）前」獨立一章；針對「近現代」，細分為三期，擬為「建國（中華人民共和國）以來《史記》研究的新發展」，再加上「漢魏六朝」一章，凡八章。整體而言，兩書分期斷代大抵相同。

〔註 19〕張新科：《史記學概論・源流論》，頁 107～155。

綜觀歷代對於《史記》研究所側重的重心，或許不盡相同，態度評價更是褒貶不一。然而筆者以爲，除去近現代由於史學理論與方法有結構性的改變，必須另外討論之外，就漢代以降兩千多年的「史記研究史」而言，其著作性質皆不脫「注釋」、「批評」及「馬班《史》《漢》比較」三類。〔註20〕以「注釋」方面而言，又不外乎是「訓詁名物音義」、「考信史料眞僞」、「補充資料旁證」等內容。〔註21〕

尤其歷朝皆不乏爲《史記》作注釋、解音義的著作，若翻查正史凡七書之藝文、經籍志，以及《直齋書錄解題》、《書目答問》、《四庫全書總目》等目錄專著，〔註22〕其蹤跡猶斑斑可考，如《新唐書・藝文志》中，以《史記注》題名者有六家，《音義》有四家，〔註23〕與《史記》相關之著述合計有二十五部左右。

遺憾的是，這些著作於唐代以後大多散佚；對照元代所著的《宋史・藝文志》來看，唐代以後，尚留存的《史記》相關著作僅餘裴駰與陳伯宣的注本，及司馬貞《索隱》、張守節《正義》等四部書，對於考察《史記》研究的

〔註20〕呂思勉論及《四庫全書》與梁啓超的史籍分類法時，認爲皆有可商榷之空間，故置而不論，另外提及自己的看法，曰：「我以爲歷史的書，從內容上分起來，不過（一）記載，（二）注釋，（三）批評三種，（原案語：考訂大抵屬於注釋，也有因此而下批評的。）其中又以記載爲主，必須有了記載，批評、注釋二種，才有所附麗，其間有主從的關係。」筆者循此觀點，認爲以傳統的「《史記》研究」而言，尚可添加一類，即「馬班《史》《漢》比較」一類，如南宋學人倪思作《班馬異同》即是。參何炳松等：《歷史研究法二種》，頁53。

〔註21〕張新科、俞樟華等闡之更詳，述云：「三家注對《史記》的注釋，內容非常廣泛，從文字考證、注音釋義，到注人、注事、注天文曆法、山川草木、鳥獸蟲魚、典章制度等等，無不具備。」又「三家注對《史記》史實的注釋，也用力很多，成績突出。作者所做的工作，主要有兩個方面：一是補充史料；二是補正史實。比如司馬遷作文講究簡潔凝煉，對有些歷史事件的記述往往比較概括，非經說明不易明白，所以三家注常常援引大量歷史材料來充實、補充正文的不足。」見張新科、俞樟華等：《史記研究集成・第十三卷・史記研究史及史記研究家》，頁80～81。

〔註22〕即：《漢書・藝文志》、《隋書・經籍志》、《舊唐書・經籍志》、《新唐書・藝文志》、《宋史・藝文志》、《明史・藝文志》、《清史稿・藝文志》

〔註23〕自《隋書・經籍志》始，有〔劉宋〕裴駰《史記注》，《舊唐書・經籍志》有許子儒《史記注》，《新唐書・藝文志》有王元感、徐堅、李鎭、陳伯宣等四家注，凡六家。音義有《隋書・經籍志》徐野民《史記音義》、鄒誕生《史記音》，《舊唐書・經籍志》中劉伯莊《史記音義》，《新唐書・藝文志》中許子儒《史記音》，凡四家。

沿革而言甚爲可惜；迄今，傳統《史記》研究的注本，以「三家注」（裴駰《集解》、司馬貞《索隱》、張守節《正義》）最爲經典，亦在「史記學」中形成一門專業的課題。〔註24〕

具體而言，三家注之貢獻與特色大抵有二：其一，就文本本身而言，三家注在義例與動機上各有所側重，使得我們除了能通過三人的注釋去理解《史記》的文本內容之外，還能通過三人相異的詮釋視角，同司馬遷所論述的內容進行商榷。其二，就歷史價值而言，三家注間接保存了魏晉隋唐之間其他亡佚散亂的注釋著作，以及提供我們能夠獲悉魏晉隋唐間的學人是如何看待《史記》這本著作，是如何理解《史記》這本著作。

以裴駰爲例，其於《史記集解・序》中，開頭便徵引班固於《漢書・司馬遷傳》中評價史遷的述贊曰：

> 班固有言曰：「司馬遷據《左氏》、《國語》，采《世本》、《戰國策》，述《楚漢春秋》，接其後事，訖於天漢。其言秦漢詳矣。至於采經摭傳，分散數家之事，甚多疏略，或有抵捂。亦其所涉獵者廣博，貫穿經傳，馳騁古今上下數千載閒，斯已勤矣。又其是非頗謬於聖人。論大道則先黃老而後六經，序游俠則退處士而進姦雄，述貨殖則崇勢利而羞貧賤，此其所蔽也。然自劉向、楊雄博極羣書，皆稱遷有良史之才，服其善序事理，辯而不華，質而不俚；其文直，其事核；不虛美，不隱惡，故謂之實錄。」

並全然同意班固的批評，云：

> 駰以爲固之所言，世稱其當。雖時有紕繆，實勒成一家，總其大較，信命世之宏才也。

又云：

> 考較此書，文句不同，有多有少，莫辯其實。而世之惑者，定彼從此，是非相貿，眞僞舛雜。

由上述引文大抵可以推得兩點看法：第一，就裴駰而言，對《漢書》的評價是高於《史記》的，甚或與裴駰同時者，皆抱持此種態度，否則便不會斬釘截鐵的說「固之所言，世稱其當」了。第二，就裴駰的時代而言，流傳的《史記》內容恐非史遷當年原貌，才會造成「是非相貿，眞僞舛雜」的結果。

〔註24〕張新科《史記學概論》中即列有「三家注研究」一門，共19項。見張新科：《史記學概論・本質論》，頁193。

尤其第二點頗爲重要，它呼應了本文前節所秉持的研究立場，即：「歷史研究是無法獲得絕對客觀而眞實的歷史，每個歷史知識或文本的誕生，都是研究者自體經驗增長的反映，都是自我論證過程的結晶，至於它的定位永遠是相對與浮動的。而讀者通過閱讀產生理解，並與作者進行商榷，再從想像的過去中，獲得面對未來的勇氣。這些便是歷史研究的目的，便是史學存在的價值」。

故而，裴駰無須亦無能理會眼前的《史記》是否爲司馬遷著作的眞實原貌，他需要的是一個固定的文本來提供他作爲研究的基礎。所以他接著說：「故中散大夫東莞徐廣研核眾本，爲作《音義》，具列異同，兼述訓解」，雖「麤有所發明，而殊恨省略」，故「聊以愚管，增演徐氏」。

其方法義例是：「采經傳百家并先儒之說，豫是有益，悉皆抄內。刪其游辭，取其要實，或義在可疑，則數家兼列。」另外有「《漢書音義》稱『臣瓚』者，莫知氏姓，今直云『瓚曰』。又都無姓名者，但云《漢書音義》」，又「未詳則闕，弗敢臆說。人心不同，聞見異辭，班氏所謂『疏略抵捂』者，依違不悉辯也」。

並且自謙地說：「時見微意，有所裨補。譬嘒星之繼朝陽，飛塵之集華嶽。以徐爲本，號曰《集解》」。又「愧非胥臣之多聞，子產之博物，妄言末學，蕪穢舊史，豈足以關諸畜德，庶賢無所用心而已」。

從所引諸文，皆可見裴駰著述之謹愼與謙虛，其注釋大抵不出徐廣《音義》之基礎，並求能「有所裨補」而已；其動機意圖也並非是立名山之業，傳不朽之名，僅是希冀聊勝飽食終日，無所用心者而已。

正是裴駰這份虛谷恭謹的態度，後世在總評三家注時，反認爲裴駰雖然以廣徵博引爲勝，但考事專謹，拘於漢儒「注不破經、疏不破注」之病，故訂正之功最少。我以爲這著實是誣枉了裴駰之努力，亦是在進行比較研究的過程中，一個很大的弊病，即昧於時空差異問題。

第一，據裴駰《集解・序》來看，當時其所可得之注本，不過徐廣《音義》一家，或更嚴謹來說，能作爲張本之注本即徐廣一家，加上司馬貞於《索隱・後序》提及東漢延篤所著《音義》，以及無名氏《章隱》亦不過三家（更何況後二書，裴駰是否得見尚未可知）；第二，一如裴駰《集解・序》開頭所反映的，相對於《漢書》而言，《史記》的研究實際較乏人問津。

這點從《隋書・經籍志》的史部目錄來看，亦可作爲佐證，關於《史記》之注釋僅有四部，而研究《漢書》者，包括亡佚但存書目的亦計算在內共有十九部之多。〔註25〕

換言之，除了裴駰自身在治學上的態度本趨謹愼外，恐怕當時環境之影響與限制才是更大之主因。然而爲何從漢武帝至南朝劉宋共五百年左右的時光，《史記》的研究會如此不受重視呢？是因爲《史記》文本流傳不易嗎？還是因爲《史記》文本中所表現之思想意涵與時代潮流不符呢？種種錯綜複雜的因素，恐非單從文獻本身即可獲得一明確的答案，必須考察兩漢魏晉在社會、學術、政治、經濟等各個層面的問題而進行爬梳，才能知悉，或許這才是「史記研究史」更亟需努力鑽研的方向，而非留滯於文獻資料的輾轉抄錄。

總體而言，《集解》大抵以廣徵博引爲勝，但考事專謹，拘於漢儒「注不破經、疏不破注」之病，故訂正之功最少，然如前所述有其時空因素，未可一概抹煞。而《索隱》則以探幽發微、說解詳密爲著，然悍於立言、論事横厲，故失於武斷偏頗之譏。《正義》則兼擅裴、馬之長，一來及見裴駰等注家所未見之古籍孤本、闕文，保留前代流傳之古字甚多，可作與《集解》、《索隱》相校勘之用；二來持論較平正，不似司馬貞對史遷持論較苛，而且於山川地名方面之考釋更是用力最甚；然其注務多爲美，貪博爲功，病在蕪雜，以至北宋出版三家注合刻本，內容任意變亂卷帙，刪削文字，尤以《正義》問題最爲嚴重，與其徵引文獻之蕪蔓，實不無關係。〔註26〕

（2）〔日〕瀧川資言《史記會注考證》（1930～1931）

瀧川龜太郎（1865～1946），字資言，號君山。爲日本明治時期，研究《史記》最廣爲我國學人所熟悉的日本學者。明治二十年畢業於東京大學附屬古

〔註25〕即：應劭《漢書集解音義》；服虔《漢書音訓》；韋昭《漢書音義》；〔梁〕劉顯《漢書音》；夏侯詠《漢書音》；蕭該《漢書音義》；包愷等《漢書音》；晉灼《漢書集注》；〔齊〕陸澄《漢書注》；〔梁〕韋稜《漢書續訓》；〔陳〕姚察《漢書訓纂》、《漢書集解》、《定漢書疑》；〔晉〕劉寶《漢書駁議》；項岱《漢書敘傳》，以上凡十三家十五種。又亡佚之屬四種，分別爲《漢書孟康音》，劉孝標注《漢書》，陸澄注《漢書》，梁元帝注《漢書》。共十九種。

〔註26〕以上關於三家注之褒貶，見張新科、俞樟華等：《史記研究史及史記研究家》，頁79～85；張玉春、應三玉：《史記版本及三家注研究》，下編《史記》三家注研究部份；朱東潤：〈裴駰史記集解說例〉、〈司馬貞史記索隱說例〉、〈張守節史記正義說例〉三文，收於《史記考索》。

典講習科，三十年到仙台第二高等學校任教。後來志於《史記》注釋的集成工作，在昭和五、六年（1930～1931）左右完成《史記會注考證》。〔註27〕

根據《史記會注考證》的跋文，瀧川氏於大正二年（1913）在東北大學獲得《史記正義》的佚文，「始有纂述之志」。〔註28〕

氏書特色大抵有三：其一，收錄了古鈔本及各版本資料；其二，與古鈔本進行了校勘；其三，對中井履軒《史記雕題》、岡白駒等日本人的注釋多有收錄。其中關於古鈔本的校勘，瀧川氏以大島贄川所借用的前田家《博士家本史記異字》爲基礎，並確認水澤利忠所見「南化本」爲上杉家所藏南宋黃善夫本，「三條本」是三條西實隆所抄錄的元彭寅本。因此《會注考證》具有以古鈔本校訂正義、收集歷代注釋、補足正義佚文的特色。〔註29〕

除了匯集諸家注釋之大成外，《會注考證》最具價值者，仍屬書後附論之《史記總論》，文中包括了〈太史公事歷〉、〈太史公年譜〉、〈史記資材〉、〈史記名稱〉、〈史記記事〉、〈史記體制〉、〈史記文章〉、〈史記殘缺〉、〈史記流傳〉、〈史記鈔本刊本〉、〈史記集解索隱正義〉、〈史記正義佚存〉、〈司馬貞張守節事歷〉、〈史記考證引用書目舉要〉，瀧川氏實開啓了除「注釋」一途外，研究《史記》專題之先聲。

《史記總論》不僅代表了瀧川資言個人研治《史記》的成果，更意味著《史記》研究之發展、成果之豐碩，自身已可形成一門專業之學問，使後學得以深入鑽研。

2.《史記》通論及專題研究相關著作

（1）阮芝生《司馬遷的史學方法與歷史思想》（1972）

《司馬遷的史學方法與歷史思想》是阮芝生先生的博士論文，亦是較早系統性的探討司馬遷於《史記》中所反映之史學方法，以及寄寓其中的史學思想的著作。該書共八章，除〈前言〉、〈結論〉外，又可分作三個部份：司馬遷的撰述動機及緣起、司馬遷的撰述方法、司馬遷的歷史思想。

關於撰述動機，阮先生從「司馬談之死」切入，繼而論及「李陵案」對司馬遷的衝擊，和〈報任安書〉中所透露而出之所以苟且偷生的自白、苦衷。

〔註27〕張新科、俞樟華等：《史記研究史及史記研究家》，頁369。

〔註28〕〔日〕瀧川資言：《史記會注考證・書史記會注考證後》，總頁1424。

〔註29〕張新科、俞樟華等：《史記研究史及史記研究家》，頁370。

第三章至第五章則專門討論司馬遷的撰述方法，從「史料的搜集與處理」、五體「體裁與作法」，以及五體之間的「聯繫與運用」。其中一些觀念，或有可再補充說明之處，但大體皆不出其右。此種宏觀結構的鳥瞰式研究，於當時《史記》研究論題仍多以單篇為主的環境中，別具時代意義。〔註30〕

第六章與第七章則分別從「通古今之變」、「究天人之際」出發，以闡述司馬遷於《史記》中所表現出來的思想脈絡。如點出司馬遷以「原始察終，見盛觀衰」表現出他對歷史因果關係的重視；又司馬遷如何看待歷史中不乏因「利與爭」而起的人性醜陋面貌？又提出何種解決之道？以及對冥冥中不可抗力的神秘因素，司馬遷又作何理解？種種關於歷史思想之議題。

總之，阮先生此作，為系統性研究《史記》的代表性著作，於本論文而言，亦多有啓發。

（2）**陳桐生《中國史官文化與史記》**（1993）

陳桐生此作，經三次改題，初名為《司馬遷文化心態分析》，再易為《史記的歷史哲學與美學》，最後定名為《中國史官文化與史記》。其特點在於脫離傳統多從《史記》與《六藝》關係為起始以進行研究討論，而是從外在的時代環境，如社會風氣的轉向、學術思想傳承等文化演變角度切入，以探究司馬遷思想的始終因果。

全文共分三個部份。首先，從中國史官文化方面追溯《史記》的文化淵源；其次，以《史記》文本為主要考察對象，探究其思想體系；最後，在釐清《史記》的文化淵源與思想脈絡體系的前提下，討論《史記》學中個別的幾個重要議題，如對王允「謗書說」的辯解、《史記》與《易》的關係、司馬遷與董仲舒其思想觀念之異同考述等。

（3）**張大可《史記研究》**（2002）

清末民初之際，關於《史記》的研究，雖然大多還是沿襲「乾嘉之學」，〔註31〕但由於西方史學的影響，諸多學人在議題的關注上，也開啓了不同

〔註30〕據筆者查檢「全國博碩士論文資訊網」，以「史記」、「太史公」、「司馬遷」、「司馬談」四個關鍵字進行搜索，在阮芝生先生發表前之論文凡五篇，分別為1965年：劉本棟《史記老莊申韓列傳疏證》、何錡章《史記楚世家疏證》、譚固賢《太史公尚書說》；1968年：劉德漢《史記虛字集釋（一）》；1970年：范文芳：《史記齊太公世家疏證》。上列諸篇，多是針對《史記》單篇、或專題，進行疏證整理，故筆者謂阮先生之著「別具時代意義」。

〔註31〕張新科、俞樟華等：《史記研究史及史記研究家》，頁215。

的視野。整體而言，大抵有幾個新興議題的產生，即：司馬遷的生卒年、司馬談作史的《史記》篇目、《史記》的缺補、《史記》的斷限等。這些議題成爲日後「史記學」的基礎，如前述瀧川資言的《史記總論》，即是最好的例子。

爾後發展至二十世紀末，這些議題歷經多位學者接力式的探究、討論，也大抵進入總結的階段。張大可的《史記研究》，或可視之爲總結若干關於《史記》研究議題的集大成之作。

《史記研究》全書收文 32 篇，分爲七組，內容結合了宏觀問題與微觀探索的方式，無論是傳統的課題，還是新開拓的領域，都凸出地表現了作者總結前人努力成果的適切論斷。如史記的成書與斷限、殘缺與補竄、體制與取材、論贊與互見法、結構與倒書、太史公釋名與生卒年等問題，以及司馬遷思想、史學與文學成就，乃至於《史記》的民族凝聚力與研究現況等，皆進行了極有價值、別具深思的探討。

同時，書中采用表、論結合的敘事方法，使複雜的史據和考辨得到集中簡明的反映，是其書的一大特色。惟可病者，即作者或限於學術成長環境之故，屢屢將司馬遷作《史記》的動機緣起置於封建、專制、爲君王效命等的僕從心態中討論，忽略了司馬遷早已越過君臣倫理等社會關係的侷限，展現出超乎所處時空之外的歷史關懷和思想光輝。此爲該書之所不足。

3.《史記》文本溯源研究相關著作

關於「《史記》文本溯源研究」，源於可永雪〈史記上溯性比較論說〉一文的闡發。可氏從南宋倪思的《班馬異同》、劉須溪（名辰翁）的《班馬異同評》、明代許相卿的《史漢方駕》等《史》、《漢》比較研究角度發想，認爲可藉由此模式以進行「上溯性比較」，即「將《史記》與在它之前的、《史記》所據以爲素材的有關典籍如《尚書》、《春秋》、《左傳》、《國語》、《戰國策》以及《詩經》、《論語》、《孟子》、《禮記》、《呂氏春秋》等等加以比較對照」，〔註 32〕可氏認爲：

> 這項工程一旦完成並且完成得好，就將既可以爲學術界從史源學、從歷史學、從文章學、從歷史語言學以至於古文今譯等多方面多角

〔註 32〕可永雪：〈史記上溯性比較論說〉，收入《史記研究（下）》，頁 161。

> 度對《史記》進行研究提供一個鑿鑿可據的堅實基礎；又可以爲自己從文學角度、從再創作角度、從中國敘事文學發展史角度進行研究舖下一條平平展展的道路。〔註 33〕

換言之，即是不僅要確定《史記》之篇章出自何書，更要確認其出於該書的何篇何章及何句，方能使《史記》研究之討論能更加確實，避免淪於空談。故筆者稱此追溯文本源頭的研究方式，爲「《史記》文本溯源研究」。

可氏此文刊於 1994 年，〔註 34〕然在其倡言此法之前，實已有學人運用類似概念的方法，針對《史記》的文本溯源，進行探究。如顧立三於 1980 年出版的《司馬遷撰寫史記採用左傳的研究》；古國順於 1984 年發表的博士論文《司馬遷尚書學》；潘秀玲於 1988 年發表的碩士論文《詩經存古史考辨——詩經與史記所載史事之比較》，即分別依據《春秋》、《尚書》與《詩經》，利用條分縷析、章句並陳的概念，對《史記》進行探討。

可氏之後，運用類似方法以研究《史記》者，如日本學者藤田勝久的《史記戰國史料研究》（1998 年），即利用《竹書紀年》、睡虎地秦簡《編年記》、馬王堆帛書《戰國縱橫家書》、《世本》、《戰國策》等出土文獻與輯佚材料，用表格並列的方式，針對〈秦本紀〉、〈秦始皇本紀〉、〈六國年表〉及其他六國〈世家〉的在位君王、在位年限、當朝大事等進行比較分析，使彼此記載之異同、矛盾、疏漏之處皆明白可見。

是知：可氏此法，爲可氏前後學者所常運用的類似概念、方式，以進行《史記》研究，使論據得能更加堅實，亦爲後世於《史記》中所用史料的闡釋、說明能更加可靠、扎實。

4. 史學思想理論相關著作

〔德〕德羅伊森（Droysen Johann Gustav，1808～1884）《歷史知識理論》

德羅伊森是 19 世紀中葉，德國普魯士學派的代表人物，所謂的「普魯士學派」，即「以普魯士爲主的小德意志主義歷史學派」。此學派史家的中心信念是：只要他們把歷史寫作中的私黨之見與政治目的相結合起來，把德意志統一的問題，以普魯士領導的方式來解決，那麼它們所呈現的史實，就是歷

〔註 33〕可永雪：〈史記上溯性比較論說〉，收入《史記研究（下）》，頁 162。

〔註 34〕可永雪：〈史記上溯性比較論說〉，收入《史記研究（下）》，頁 168。

史發展的客觀過程。〔註 35〕因著普魯士學派的緣故，近代關於「政治史」的聯想，總與專制、威權等政治負面概念擺脫不了干係，也連帶興起了文化史、社會史、經濟史等各種新興專業領域的研究風潮。

即使如此，仍無礙德羅伊森此著的代表性價值。18 世紀中葉，西方興起了一股針對「歷史思考的學術性」進行反省的風潮；發展至 18 世紀下半葉，歷史思考產生了一些新的思考方向以及理解概念，即「以動力、演化的觀點，解釋人類過去，以及以學院專業立場，推動歷史學。」〔註 36〕而德羅伊森的《歷史知識理論》，則可視爲西方史學於此次的反省風潮當中的巔峰展現。

具體而言，其原因大抵有三：其一，因爲德羅伊森的《歷史知識理論》是在歷史學的基本架構開始被視爲是學院中專門學科的時候完成的；換言之，《歷史知識理論》大抵將 19 世紀上半葉，德國歷史主義末期定型時期的成果表現出來。它闡明了歷史主義顯赫的研究成果背後，所隱藏的理論關係及方法規則。〔註 37〕

其二，德羅伊森將他以前的各種史學知識理論融合爲一個和諧的整體，並從教育、倫理、政治等觀點切入，說明「歷史的功能」；同時以方法論的角度闡述歷史研究的個別方法及其間的系統連貫性；並且，在知識理論方面，他掌握並條列出歷史思考要成爲一門學術所應當具備的知識原則。最後，在歷史哲學方面，將能夠賦予人類過去以意義、能使過去成爲有價值之歷史的諸種觀點，都提點出來。〔註 38〕

其三，則是德羅伊森本人，兼具了成功的歷史研究、歷史寫作應有之能力，以及集歷史理論家反省的能力等於一身。他將歷史研究、歷史思考所需要的哲學眼光，和利用歷史知識以參與政治運作的過程，結合的非常成功。

是以，縱使德羅伊森對國家未來和政治行爲抱有過於主觀的關切，但無妨《歷史知識理論》能爲人所參詳、利用的價值。

〔註 35〕〔德〕約翰·古斯塔夫·德羅伊森（Droysen Johann Gustav，1808～1884）著；胡昌智 譯：《歷史知識理論·引論》，頁 9。

〔註 36〕〔德〕約翰·古斯塔夫·德羅伊森（Droysen Johann Gustav，1808～1884）著；胡昌智 譯：《歷史知識理論·引論》，頁 2。

〔註 37〕〔德〕約翰·古斯塔夫·德羅伊森（Droysen Johann Gustav，1808～1884）著；胡昌智 譯：《歷史知識理論·引論》，頁 3。

〔註 38〕〔德〕約翰·古斯塔夫·德羅伊森（Droysen Johann Gustav，1808～1884）著；胡昌智 譯：《歷史知識理論·引論》，頁 3。

筆者之意，並非是要以德羅伊森的史學觀點，來規範司馬遷，否則即坐入「以今範古」的迷思當中。而是認爲：「歷史知識」自有其超乎時空的限制、顛撲不破的客觀眞理存在，德羅伊森身處於反思「歷史」的社會環境之上，爲此作出集大成的結論之作；回顧司馬遷，何嘗不是面對學術轉型、時代轉向的關鍵時空當中，他因應了「歷史」的需要，將自身的悲痛化作奮進的動力，回顧周、孔的《六藝》傳統，滌清戰國諸子的駁雜不純，將省思考察過後的結果，以文學又略帶哲思的筆法，呈現於《史記》當中。通過《歷史知識理論》的對比，除了凸顯出「歷史知識」的眞理價值所在之外，不亦可見證司馬遷的不朽嗎？

第貳章　司馬遷其史學批判意識的淵源背景

第一節　周孔史學精神的繼承與戰國時風的激盪

〈太史公自序〉言曰：

> 先人有言：「自周公卒五百歲而有孔子。孔子卒後至於今五百歲，有能紹明世，正《易傳》，繼《春秋》，本《詩》、《書》、《禮》、《樂》之際？」意在斯乎！意在斯乎！小子何敢讓焉。

從這段話看來，司馬遷之撰《史記》，明稟父志，以繼周公、孔子「五百歲」之運的歷史責任自居，亦以周公、孔子的史學精神自承。是以，論司馬遷的史學精神者，不能不溯源於周、孔。

王國維曾說：「中國政治與文化變革，莫劇於殷周之際」。〔註 1〕「殷革夏命」與「武王伐紂」，自先秦以來便被視爲中國政制與文化轉向的關鍵議題，非僅將其視作朝代更迭的單一事件而已。尤其周公制禮作樂，標舉文王精神，使得「周文精神」不僅是周代的精神象徵，更是後世模仿、企及的目標。中國文化往往被等同於人文精神的文化，即源於「周文精神」此一核心概念的奠基；而「周文精神」的義蘊，即源自周公。

所謂「周文精神」，其實就是一種歷史意識覺醒的理性精神。此種理性精神，由人性原始的恐懼所觸發；既對恐懼有所警覺，且欲尋求因應解決之道

〔註 1〕王國維：〈殷周制度論〉，收入《觀堂集林》，頁 451。

者，便可視爲具備理性思維；此思維訴諸外在之表現，即爲憂患意識。「周文精神」便是周人企圖借助歷史回顧、歷史鑑戒的力量，以因應「憂患意識」的人文自覺精神。

「禮樂」則是周公在此思辨過程中，最終尋繹出來，認爲可以一勞永逸地解決環境動盪之恐懼的辦法；而孔子則是周公其思辨經驗的重現，即因爲環境動盪而生恐懼，因恐懼而生憂患，因憂患而回顧歷史，最後發現「禮樂」仍是最有利的解決之道。

然周、孔二人之差別在於：周公因得其位，故將此種理性力量是否能發揮穩定秩序的效能，訴諸於制度的完善以及君王或執政當局的施行；而孔子因不得其位，故訴諸個人的理性自覺，整理文獻，論古議今。然二者都企圖藉由知識的力量，開啓世人理性思維的能力，使人知道制度的邊界是會鬆動的，唯有人的自覺力量，方能使其穩固。

然時風的驟變、人心的轉易，畢竟非孔子所能測度，致使民智雖開，大部分人卻捨棄了被視作能穩定社會的「禮樂」、「周文」；轉向追求個人、乃至於一國之私利。周遊諸國的學人、士子爲了謀財晉身，紛紛從「歷史事件」中淬鍊出有用的概念，以作爲游說主上的資本。從史學史角度來看，「歷史解釋」爲此時期蓬勃發展的重點所在，但在進行「解釋」之前，最重要的「考證」動作，則往往爲眾人所忽視。

以下則進一步闡述其中變化過程的具體概況，以及歷史觀念於當中轉化浮沈的陵夷脈絡，以爲論述司馬遷歷史批判觀念形成的淵源之前提。

要特別說明的是，由於現代出土文獻的大量發掘，已爲中國古代史之考察帶來顯著的成績，部份研究成果更凸顯出《史記》內文的載述錯誤（如后稷究竟指人物或官名的疑問、衛康叔受封時間的爭議等）；但針對司馬遷於此方面疏漏的考實辯證，並非本章的重點，僅於爭議處加註，略作交待，不另詳述。由於本章旨在探知史遷如何理解史事、而史事又如何影響史遷之思維，這兩者往來之間的互動過程，故行文敘述，仍以《史記》中所載司馬遷認知之三代史事爲主。

一、周公史學精神的繼承：克敬明德、制禮慎刑的憂患意識

（一）生於憂患的「歷史意識」

徐復觀認爲周人在宗教方面承繼了殷商系統，但從文武周公的言行中，

卻可以看出一種新精神的躍動，即是從「憂患意識」衍生而出的「敬」之觀念。〔註2〕徐復觀言：

> 憂患意識，不同於作為原始宗教動機的恐怖、絕望。……「憂患」與恐怖、絕望的最大不同之點，在於憂患心理的形成，乃是從當事者對吉凶成敗的深思熟考而來的遠見；在這種遠見中，主要發現了吉凶成敗與當事者行為的密切關係，及當事者在行為上所應負的責任。憂患正是由這種責任感來的要以己力突破困難而尚未突破時的心理狀態。所以憂患意識，乃人類精神開始直接對事物發生責任感的表現，也即是精神上開始有了人地自覺的表現。〔註3〕

徐復觀顯然將「恐懼心理」與「憂患意識」視作兩種不同的情緒概念，認為在以信仰為中心的宗教氛圍下，人將一切問題信託予神，藉以消除內心的恐懼與不安，此時並無法產生憂患意識；唯有自己蘊蓄著一種堅強的意志和奮發的精神以擔當起問題的責任時，才算是憂患意識的展現。〔註4〕

值得深思的是，假設今天某人對未來懷抱著不安，決定打起精神，蘊蓄著堅強的意志和奮發的精神，積極又勤快的求神問卜並亦步亦趨的按照神旨而行，藉以消除恐懼、絕望的情緒，算不算得「憂患意識」的展現呢？再者，《尚書》中屢屢言及天罰，潛在地仍將上天視作審判賞罰的主宰，算不算是信託神明的宗教行為呢？換言之，「憂患意識」與「恐懼心理」不當分屬兩種不同的情緒概念。「憂患意識」正是由「恐懼」延伸而出的情緒反應，一種嘗試正視恐懼的來源，且試圖積極地藉由任何方式以消除不安的自覺意識。如德國心理學家弗里茲．李曼（Fritz Riemann）所言：

> 恐懼屬於生命的一部分，你我都在劫難逃，它以不同的面貌伴隨著我們，從誕生直到死亡。太初之始，人類就不斷嘗試，藉由各種巫術、宗教與科學，思索克服、減緩、戰勝或是約束恐懼的對策。〔註5〕

因此，周人與殷人之差異並不在於恐懼情緒與憂患意識的差異，亦不在於信

〔註2〕徐復觀：《中國人性論史》，頁20。
〔註3〕徐復觀：《中國人性論史》，頁20～21。
〔註4〕徐復觀：《中國人性論史》，頁21～22。
〔註5〕〔德〕弗里茲．李曼（Fritz Riemann，1902～1979）著；楊夢茹 譯：《恐懼的原型》，頁5。

託神明與奮發精神的差別，而是兩代人在面對恐懼襲來之過程，其採取何種「積極行為」進行應對的分別。

質言之，對於周人而言，經由問卜占筮所得的抽象預言，都將置於第二位，其首要考慮的是回顧歷史、回顧具體人事成敗所得的經驗教訓，如何為他們指引出一條可行的道路。否則，將間接地否定殷末的祖尹對紂王苦口婆心的勸諫，否定箕子不惜裝瘋賣傻、苟延殘喘的勇氣，又或是太師疵、少師彊等人紛紛抱樂器以奔周的抉擇。〔註 6〕這些人何嘗不是因為憂患意識的驅使，體認到殷商國勢岌岌可危，而各自選擇了尋求活命的道路呢！而這股對於歷史教訓的認同，對於歷史批判的精神，對於傳承歷史經驗的自覺，便構成了「周文」人文精神之所以得能如此躍動發展的關鍵。

所以我們可以如此認為：周文精神即是歷史精神，一種以憂患意識為基本動力，肯定歷史價值為前提，傳承歷史經驗為職志，奉行歷史教訓為圭臬的人文自覺。

（二）肯定歷史價值的「周文精神」

殷周兩代文化精神的轉化，並非朝夕之變，更不可能但憑文武二王與周公的天縱英明便一蹴可及，如孔子言：「如有王者，必世而後仁。」（《論語・子路》）一個慕德修政的王者，也需要三十年的光陰以導引時風，其點出文化精神的轉向實有其綿延傳承的脈絡與持續作用的軌跡。

關於此點，司馬遷亦有留意及之。他一方面結合時見，〔註 7〕一方面掏掘史實，試圖明確地描繪出「周文」精神形塑的過程與源頭。如〈周本紀〉云：

> 棄為兒時，屹如巨人之志。其遊戲，好種樹麻、菽，麻、菽美。及為成人，遂好耕農，相地之宜，宜穀者稼穡焉，民皆法則之。帝堯聞之，舉棄為農師，天下得其利，有功。帝舜曰：「棄，黎民始飢，爾後稷播時百穀。」封棄於邰，號曰後稷，別姓姬氏。後稷之興，在陶唐、虞、夏之際，皆有令德。

〔註 6〕見〈殷本紀〉載曰：「及西伯伐飢國，滅之，紂之臣祖伊聞之而咎周，恐，奔告紂曰：『天既訖我殷命，假人元龜，無敢知吉，非先王不相我後人，維王淫虐用自絕，故天棄我，不有安食，不虞知天性，不迪率典。今我民罔不欲喪，曰："天曷不降威，大命胡不至"？今王其柰何？』紂曰：『我生不有命在天乎！』祖伊反，曰：『紂不可諫矣。』」又述曰：「紂愈淫亂不止。……箕子懼，乃詳狂為奴，紂又囚之。殷之大師、少師乃持其祭樂器奔周」。

〔註 7〕如〈太史公自序〉引司馬談語，云：「夫天下稱誦周公，言其能論歌文武之德，宣周召之風，達太王王季之思慮，爰及公劉，以尊后稷也。」

提及周始祖棄，因爲農務技術的開發與改良，受到當時執政者帝舜的青睞，不僅延攬爲官，還封號賜姓，此後「后稷」一族享譽陶唐、虞、夏諸朝，歷任繼承「后稷」之名的族長皆以有德著稱。〔註 8〕又述曰：

> 后稷卒，子不窋立。不窋末年，夏后氏政衰，去稷不務，不窋以失其官而犇戎狄之閒。(〈周本紀〉)

到了不窋晚期，時值夏后氏政事衰敗，連帶著荒怠農務，不窋身爲農官，既已無所用武，遂率眾遷徙亡命於戎狄之地。

待不窋死後，到公劉繼任，司馬遷認爲「周道之興自此始」，因爲「公劉雖在戎狄之閒，復脩后稷之業，務耕種，行地宜，自漆、沮度渭，取材用，行者有資，居者有畜積，民賴其慶。」(〈周本紀〉) 以前始祖棄致力於農務，投身於農作的栽培，爲周人帶來財富與地位；不窋繼任時，雖然是因爲政治因素所迫，但農政的荒廢，造成的是必須流離失所、避居他處的事實。對於公劉而言，「后稷之業」與族民的興廢產生強烈的連結，於是復脩此業，豈不是有鑑於兩位先祖經驗教訓的抉擇嗎？

〔註 8〕 關於司馬遷對后稷的記載，學者多有疑義，其癥結在於「后稷之興，在陶唐、虞、夏之際，皆有令德」，與「后稷卒，子不窋立」，這兩處相互矛盾的敘述，當作何理解；因前者之后稷爲通稱，而後者之后稷爲專名。戴震對此釋曰：「《史記》不曰棄卒而曰『后稷卒』，且上承『后稷之興在陶唐、虞、夏之際，皆有令德』，此書法也。世次中厥，莫知其名，繼棄而爲后稷，謹修其官守，以至不窋，是不一人，故曰『皆有令德』。及最後爲后稷者卒，其子不窋立，末年而失其世世守官。微竄之際，殆不絕如縷，典文諜記，一切蕩然。」(《毛鄭詩考證》) 戴氏認爲「后稷」爲周人於歷代世守農政之官的通稱，直到不窋繼任，因夏后氏政衰而失官，遂不復以「后稷」爲名。童書業反對戴說，認爲：「周人稱『后稷』，如《詩》、《書》(《周書》) 所載，皆指其始祖。如棄之後果尚有所謂『繼棄而爲后稷』者，則此名稱似嫌混淆」，但《詩》、《書》所載「后稷」皆指周人始祖，與周人後世有無以「后稷」之名繼任，實爲二事。又楊寬則指出〈周本紀〉此處所載，乃根據《尚書》〈堯典〉和〈皋陶謨〉，然「〈堯典〉和〈皋陶謨〉都是春秋、戰國時代的作品，都以『曰若稽古』開頭，是依據古史傳說的擬作，並非實錄。」但根據朱廷獻之考證，指出〈堯典〉之編成，實「不得晚於穆王之世，亦不得早於文王武王之時，蓋周公攝政之七年，制禮作樂之際，當時史官根據先世之文獻，而重加編纂潤色者歟」，據朱氏之考察，則楊寬之質疑又需再商榷。諸家考辨，皆在氏書，筆者行文仍從戴氏之說，因其詮釋《史記》此段史事記載，或最近於史遷當時組織材料、剪裁成文之所想所思。參見〔清〕戴震：《毛鄭詩考證》，收入《戴震全集》，頁 1222。童書頁：《春秋史》，頁 29。楊寬：《西周史》，頁 16。朱廷獻：《尚書研究・堯典篇著成之時代考》，頁 333。

過程中不僅反映了「周文精神」中對於歷史價值的肯定，更重要的是凸顯個人自覺的必要，因爲按照司馬遷的記載，當時並非歷代周人族長都如公劉一般具備歷史的眼光與肯定其價值之遠見。

公劉死後，繼任者慶節挾著父親的餘澤和產業在豳地立國，此後數代未見有顯赫的建樹。

歷經九世後，古公亶父「復脩后稷、公劉之業」，繼任者公季續「脩古公遺道」，最後文王昌「遵后稷、公劉之業，則古公、公季之法」，歷三代經營，秉持「篤仁、敬老、慈少」、禮賢下士的原則，方得於「武王伐紂」時，畢其功於一役。

再通觀本紀中所載之文王逸事，或多或少皆能與周先王之行事相參，如西伯「獻洛西之地，以請紂去炮格之刑」，與古公亶父「民欲以我故戰，殺人父子而君之，予不忍爲」，絲毫不吝惜土地財物，愛民之情如出一轍。

換言之，文王除了仰賴自身的性格天賦外，更亦步亦趨地效法前人成功的經驗，故〈太史公自序〉云：「維棄作稷，德盛西伯」，這是司馬遷在組織史料、綜覈考評之後所得的斷語。

徐復觀則以一個「敬」字，來解釋周人始國迄文王止所展現出的核心精神，謂曰：

> 在憂患意識躍動之下，人的信心的根據，漸由神而轉移向自己本身行爲的謹愼與努力。這種謹愼與努力，在周初是表現在「敬」、「敬德」、「明德」等觀念裏面。尤其是一個敬字，實貫穿於周初人的一切生活之中，這是直承憂患意識的警惕性而來的精神斂抑、集中，及對事的謹愼、認眞的心理狀態。這是人在時時反省自己的行爲，規整自己的行爲的心理狀態。〔註 9〕

「敬」其實就是一種理性力量的展現，其結合歷史經驗，以審度當下環境，進而壓抑自身的情緒或欲望，成爲穩定社會秩序的一個關鍵力量。

（三）「敬畏天命」的歷史觀

相較於殷朝而言，周人以爲在人世間本具有主導大權的上帝（人格神），退居於監察位置，執政者不再等同於上帝的化身，而只是代管人間政治事務的負責人，隨時可能遭到撤換，此即「天命轉移」。監察的準據，便

〔註 9〕 徐復觀：《中國人性論史》，頁 22。

是個人行爲得當與否。如《尚書・康誥》，武王誡康叔曰：〔註 10〕

> 王曰：「嗚呼！封。汝念哉！今民將在祇遹乃文考，紹聞衣德言，往敷求于殷先哲王，用保乂民。汝丕遠惟商耇成人，宅心知訓。別求聞由古先哲王，用康保民，弘于天若。德裕乃身，不廢在王命。」

文中申告康叔要恭敬地傳述宣揚文王的德業，同時也要聆聽蒐求殷代先哲先王有德的言論與政教，也要思考尚且存活於世的殷商耆老其懿行典範，忖量治民的道理；乃至於古代聖王遺教也不要輕忽錯過，這才能大大地爲上天所庇佑。又如〈召誥〉，「召公進戒成王」曰：〔註 11〕

> 我不敢知曰，有夏服天命，惟有歷年；我不敢知曰，不其延，惟不敬厥德，乃早墜厥命。我不敢知曰，有殷受天命，惟有歷年；我不敢知曰，不其延，惟不敬厥德，乃早墜厥命。今王嗣受厥命，我亦惟茲二國命，嗣若功。

是說：我不敢妄言夏朝當年承接天命之前，準備了多久的時間，只知道它的滅亡，是因爲不能持續保持對德行的謹慎敬畏；商朝之興廢亦同。文中透露出對個人行爲與天命興廢具有強烈連結的潛在認同；甚至不僅與國家盛衰相關，與個人命運之好壞亦是。〈召誥〉又言：

> 今沖子嗣，則無遺壽耇；曰，其稽我古人之德，矧曰其有能稽謀自天。

其勸勉成王切勿忽視老年人，老年人之所以能夠福壽綿長，難道不正是因爲他們依循著古人的經驗，因而獲得上天的庇佑嗎！

然而關鍵問題在於「敬」只是一種抽象的形容詞，無法作爲判斷行爲是否眞能「稽謀自天」的依據？由於仁義等人性論概念尚未獲得明確的啓發，故而周公只能回顧過往的歷史經驗作爲論據。如〈多士〉，謂曰：

〔註 10〕《史記・衛康叔世家》載曰：「衛康叔名封，周武王同母少弟也。……周公旦以成王命興師伐殷，殺武庚祿父、管叔，放蔡叔，以武庚殷餘民封康叔爲衛君，居河、淇間故商墟。周公旦懼康叔齒少，乃申告康叔曰：『必求殷之賢人君子長者，問其先殷所以興，所以亡，而務愛民。』」是知司馬遷認爲〈康誥〉爲平定武庚之亂後，成王徙封康叔於衛之誥辭；然〈康誥〉，實爲武王初封康叔於康時所作，屈萬里先生已有考辨，參屈萬里：《尚書集釋》，頁 144～145。

〔註 11〕屈萬里：《尚書集釋》，頁 172。

我聞曰：「上帝引逸」，有夏不適逸，則惟帝降格，嚮于時夏。弗克庸帝，大淫泆，有辭；惟時天罔念聞，厥惟廢元命，降致罰。乃命爾先祖成湯革夏，俊民甸四方。

復又：

自成湯至于帝乙，罔不明德恤祀；亦惟天丕建、保乂有殷；殷王亦罔敢失帝，罔不配天，其澤。

又曰：

在今後嗣王，誕罔顯于天，矧曰其有聽念于先王勤家？誕淫厥泆，罔顧于天顯民祗。惟時上帝不保，降若茲大喪。惟天不畀不明厥德；凡四方小大邦喪，罔非有辭于罰。

其敘述成湯是如何因爲夏桀的逸樂腐敗而獲得政權，並在成湯迄帝乙是如何秉德修政，以及商朝是如何亡滅於帝紂的荒淫，而非周人的彊伐，顯明歷史的經驗不僅可用於鑑明自身之方向，還能燭照他人以自省。而此種用心不單單在〈多士〉中出現，〈酒誥〉、〈多方〉、〈立政〉等關乎周公言行記載的檔案中俯拾即是。

（四）以「文王」爲精神象徵的形象塑造

周公本著精練的歷史知識以闡述歷史，又本著精練的歷史知識以說服殷商遺民，此即《周書》諸篇檔案所透露、所展現的歷史精神及人文意識。但這並不代表上帝的信仰對周人社會已全面失去影響力，故而如何淡化殷商舊制所遺留的宗教色彩，脫離神意信託的傳統，走上理性思辨的道路，便是殷周文化交替轉化的關鍵。

武王在〈康誥〉的結尾兢兢業業的對康叔封說：

嗚呼！肆汝小子封。惟命不于常；汝念哉！無我殄。

其揭露出：天命不再如殷人所想像的，會無條件支持同一個執政集團而不移；這種天命觀，完全爲周公所繼承。前引〈召誥〉中反覆陳述夏商兩朝在繼承天命之前，究竟勤勉準備了多久時間的詰問，無不透露周初執政團隊對「天命無常」所感到的焦慮。

最直接的聯繫，便是夏商之際的桀出現失德的情況，天命隨即轉移到殷；商周之際的紂，也因爲失德，故天命又轉移到周。周公對歷史知識的看重與掌握透徹如此。既然天命無法測度，難以信賴，則惟有返求諸己，貫徹「克敬明德」的施爲。但人眞的能夠作到如此勤勉的生活，而勤勉又眞能夠通過上天的監察以獲得庇佑嗎？

喜新厭舊爲人之通病，對年長、年老、老舊、古老等人事物，往往採取鄙夷的心態。如〈無逸〉開篇，便敘述周公強烈斥責此種蔑視老年人的輕佻態度，謂曰：

> 周公曰：「嗚呼！君子所其無逸。先知稼穡之艱難，乃逸；則知小人之依。相小人，厥父母勤勞稼穡，厥子乃不知稼穡之艱難，乃逸乃諺旣誕。否則侮厥父母曰：『昔之人，無聞知！』」

雖然周公一再地援引夏商二朝的教訓，一再地申告歷史經驗的重要，但那都畢竟只是抽象的知識和遙遠的過去，何以能證明已過的經驗仍舊能適用至今呢？於此，「文王」形象的道德化，便呈現周初社會面臨文化制度巨變下的現實需要。

根據王國維於〈殷周制度論〉中的論述，周文化無論是地緣關係或政治文化，皆不如夏商二代之相近，故「殷革夏命」與「湯武伐紂」雖同屬朝代更迭之大事，但兩者所遇之環境阻力與變動之劇烈，實不可同日而語。〔註 12〕

關於文王行跡的描述，最爲具體的，應屬〈無逸〉篇中的記載。〈無逸〉載曰：

> 周公曰：嗚呼！厥亦惟我周太王、王季，克自抑畏。文王卑服，卽康功田功。徽柔懿恭，懷保小民，惠鮮鰥寡。自朝至于日中昃，不遑暇食，用咸和萬民。文王不敢盤于遊田，以庶邦惟正之供。文王受命惟中身，厥享國五十年。

周公對成王追述：自太王、王季以來，謙遜己身、敬畏天命，即是相傳之美德。尤其是文王甚至不惜放下身段，與百姓穿著同樣粗劣的衣料，一起從事開墾荒山耕種田地的工作，自早晨忙到夕陽西下，連吃飯的時間都沒有，只希望能與民眾相處融洽，遑論沉迷於遊獵之類的娛樂；只知道小心謹愼地處理各國相關的政務，所以能在中年時承繼王位，還享有五十年的國運。

文中並更進一步的陳述文王是如何的小心謹愼法，載曰：

> 周公曰：嗚呼！自殷王中宗，及高宗，及祖甲，及我周文王，茲四人迪哲。厥或告之曰：「小人怨汝詈汝。」則皇自敬德。厥愆，曰：「朕之愆，允若時。」不啻不敢含怒。此厥不聽，人乃或譸張爲幻，

〔註 12〕王國維之論證及其理由，參見〈殷周制度論〉，收入《觀堂集林》，頁 452～453。

曰：「小人怨汝詈汝。」則信之。則若時，不永念厥辟，不寬綽厥心；
亂罰無罪，殺無辜。怨有同，是叢于厥身。

周公列舉殷代三王及周文王爲例，說明四人同具有王者之修養，即：聽聞百姓滿懷著怨氣在辱罵自己時，沒有先否定他人的意見，乃是更加注意自己的言行。倘若發現眞的是自己的過錯，便會坦然的承認致歉。如果沒有這種先反求諸己的修養，便很容易受到官員的欺詐。輕信人言而發怒，是無法靜心考慮國家的前途，無法培養寬闊的胸襟；隨意殘殺無辜，只會積累更多的民怨。

另外〈君奭〉篇記載文王禮賢下士、教化百姓的態度，〈立政〉篇闡明文王秉持各司其職的施政立場，絕不過度干涉百官的決定。以上種種作爲，都如實地呈現文王「克己抑畏」、「皇自敬德」的君王風範。

由於在周公時，文王去世猶未遠，這些德行風範，在民眾記憶中猶言在耳、歷歷在目，周公因此抓緊文王的道德形象，加以放大、擴張、宣揚，很容易便形塑其完美形象，進而成爲周人的精神象徵。

於是「文王之德」遂能成爲周人在對抗環境變動、生存威脅之恐懼時，藉由自身的理性思辨和道德實踐的履行，成功通過天命考察的一個成功案例，與努力的方向。是在周人被迫面對恐懼時，守護他們的軟弱，作爲引領他們前進的力量。故《尚書．君奭》言：

天不可信，我道惟寧王德延，天不庸釋于文王受命。

又《詩．大雅．文王》曰：

上天之載，無聲無臭。儀刑文王，萬邦作孚。

徐復觀別引《詩．周頌．我將》「儀式刑文王之典，日靖四方」，以與〈文王〉詩相互說明，並論「文王」形象之所以能如此凸出之故，曰：

這是因人文合理精神的躍動，一方面雖然強調天命，一方面又覺得僅從天命的本身來說，是不易把握得到的；對於這種不易把握得到的東西，不能僅靠巫、卜來給人們以行爲的啓示，而要通過文王具體之德來作行爲的啓示。因此，文王便成爲天命的具體化；「文王之德之純」，便成爲上帝的眞正內容。〔註 13〕

至此，「天命靡常」不再爲人所恐懼，上帝的好惡成爲一個毋需再深入探討的玄念而爲周人所擱置，因爲「文王之德」的誕生已經引領眾人將其眼光從上

〔註 13〕徐復觀：《中國人性論史》，頁 27。

天轉向現世。如何在現世中解決現世的問題，在現世中又應當如何扮演好自己的角色，才是周人所需要考慮的迫切疑難。

（五）「制禮慎刑」的王道史觀

王國維在〈殷周制度論〉中，又討論周人「立子立嫡」、「廟數之制」與「同姓不婚」等制度，將祖宗祭祀、王位繼承等政治事務中的宗教色彩，轉化爲道德意義，謂曰：

> 欲觀周之所以定天下，必自其制度始矣。周人制度之大異於商者，一曰立子立嫡之制，由是而生宗法及喪服之制，幷由是而有封建子弟之制、君天子臣諸侯之制。二曰廟數之制。三曰同姓不婚之制。此數者，皆周之所以綱紀天下，其旨則在納上下於道德，而合天子諸侯卿大夫士庶民以成一道德之團體。〔註 14〕

再曰：

> 是故有立子之制，而君位定。有封建子弟之制，而異姓之勢弱，天子之位尊。有嫡庶之制，於是有宗法、有服術，而自國以至天下合爲一家。有卿大夫不世之制，而賢才得以進。有同姓不婚之制，而男女之別嚴；且異姓之國，非宗法之所能統者，以婚媾甥舅之誼通之。於是天下之國，大都王之兄弟甥舅，而諸國之間，亦皆有兄弟甥舅之親，周人一統之策，實存於是。〔註 15〕

又：

> 蓋天下之大利莫如定，其大害莫如爭。任天者定，任人者爭。定之以天，爭乃不生。故天子諸侯之傳世也，繼統法之立子與立嫡也。後世用人之以資格也，皆任天而不參以人，所以求定而息爭也。古人非不知官天下之名美於家天下，立賢之利過於立嫡，人才之用優於資格，而終不以此易彼者，蓋懼夫名之可藉而爭之易生，其敝將不可勝窮，而民將無時或息也。故衡利而取重，絜害而取輕，而定爲立子立嫡之法，以利天下後世。而此制實自周公定之，是周人改制之最大者，可由殷制比較得之。有周一代禮制，大抵由是出之。
>
> 〔註 16〕

〔註 14〕王國維：〈殷周制度論〉，收入《觀堂集林》，頁 453～454。
〔註 15〕王國維：〈殷周制度論〉，收入《觀堂集林》，頁 474。
〔註 16〕王國維：〈殷周制度論〉，收入《觀堂集林》，頁 457～458。

前兩段，主要說明由「立子立嫡之制」所派生而出的子題，架構出周代禮制的輪廓，第三段則從人性分析，說明「繼統法之立子與立嫡」，乃所以息爭而安天下，傳萬世之大法。周人之人文自覺，至此已從信託神意轉入理性思辨。

周公重視「禮教」，實有鑑於殷末社會風氣日趨墮落低下，君民沉淪於逸樂之中，致周人得藉由武力以征伐，這就是歷史教訓。如〈牧誓〉載武王言：

> 今商王受，惟婦言是用。昏棄厥肆祀，弗荅；昏棄厥遺王父母弟，不迪。乃惟四方之多罪逋逃，是崇是長，是信是使，是以爲大夫卿士；俾暴虐于百姓，以姦宄于商邑。

謂帝紂聽信婦人之言，廢棄祖宗祭祀，斥退先王遺留下來之叔父賢臣。不僅聽信讒臣，還放任他們凌辱百姓。

又〈多士〉中周公譴責殷代遺民遺臣，曰：

> 在今後嗣王，誕罔顯于天，矧曰其有聽念于先王勤家？誕淫厥泆，罔顧于天顯民祇。惟時上帝不保，降若茲大喪。惟天不畀不明厥德；凡四方小大邦喪，罔非有辭于罰。

殷之所以亡滅，非周之過，乃是因爲帝紂不能謹愼自身品行於上天，更遑論體察思念殷先王爲國勤勉的心思。耽於逸樂，無視天理與人民的苦痛。於是遭到上天的拋棄，降下大禍以彰顯祂的震怒。老天從不把百姓交在品行失度的人手中，凡是大小國家的滅亡，無不是因爲如此。

〈酒誥〉亦載曰：

> 我聞亦惟曰：在今後嗣王酣身，厥命罔顯于民，祇保越怨不易。誕惟厥縱淫泆于非彝，用燕、喪威儀，民罔不衋傷心。惟荒腆于酒，不惟自息，乃逸。厥心疾很，不克畏死；辜在商邑，越殷國滅無罹。弗惟德馨香、祀登聞于天，誕惟民怨。庶羣自酒，腥聞在上；故天降喪于殷，罔愛于殷：惟逸。天非虐，惟民自速辜。

尤其是末尾言「庶羣自酒，腥聞在上」等數句，更是直接點名殷朝的滅亡，不僅是因爲帝紂的失德失節，老百姓沉湎於酒、貪圖享樂也要負起很大的責任。

故周公制禮之重要原因，乃鑑於殷代滅亡之教訓，於是將抽象的道德價值概念藉由客觀形式制度的建立以具現化。其消極意義，是用以抑制人慾之泛濫；而其積極意義，則藉由「文王之德」的模範，要求士大夫以上階層，必須具有以身作則、爲民表率的自覺。是以周公不厭其煩的強調爲政者當有道德自覺之重要；非出於維護君王利益的一己之私，而是當軸失正，再縝密周詳的律法自無人遵守，則法亦枉然。

制禮，是藉著建立秩序而使上下納入一個道德的團體之中，所以王國維說：「制度典禮者，道德之器也。」〔註 17〕從「制禮」而生「明德」觀念；從「明德」觀念，又生「保民」觀念，〈康誥〉說：「用保乂民」、「用康保民」、「若保赤子」；從「保民」觀念，又生「愼刑」觀念。「明德愼罰」的愼刑觀，如〈康誥〉言之最切，有云：

> 王曰：嗚呼！封。敬明乃罰。人有小罪非眚，乃惟終，自作不典；式爾，有厥罪小，乃不可不殺。乃有大罪非終，乃惟眚災適爾，旣道極厥辜，時乃不可殺。

又曰：

> 王曰：汝陳時臬事，罰蔽殷彝，用其義刑義殺，勿庸以次汝封。乃汝盡遜，曰時敘；惟曰未有遜事。

然而最重要的仍不在施行律法公不公正、得不得當，而是爲君者究竟能不能率民以正，導引風俗，故曰：「汝亦罔不克敬典，乃由裕民；惟文王之敬忌，乃裕民。」（〈康誥〉）徐復觀在此稱許周代將刑殺之權離開統治者的意志，以盡量歸於客觀的標準。這是開始由道德地人文精神之光，照出人民存在之價值，使人民在政治中得到生存的最低限度的保障。〔註 18〕

據是，周公以憂患意識爲動力，以歷史知識爲指迷，由「敬」字所代表之自強態度出發，逐一分離殷文化中原始的宗教迷信色彩，重新詮釋上天、君王、百姓於現世中各自所扮演的角色與應盡之職責，將抽象的道德思辨轉化成具體的禮制成法。自消極面而言，禮制成法強制規範了君民的地位與行爲準則，抑制由私心、人欲而衍生的爭奪之心；自積極面而言，文王之德取代了「天命無常」的觀念，守護著世間每一個因恐懼而焦慮的個體，文王的具體作爲也成爲後人得以仿效遵循的生存法則，而不至於終日惶惶無所適從。周公從過往歷史的鑑戒中，藉由禮制聯繫政治與文化之關係，以禮制保障權力，亦以禮制說明責任。此長治久安之道，亦即王道。

後世崇信王道史觀者，即相信「王道」爲一個國家發展的終極目標者，所以要倡言復古從周，作爲內心期盼之美麗圖景。

〔註 17〕王國維：〈殷周制度論〉，收入《觀堂集林》，頁 475。
〔註 18〕徐復觀：《中國人性論史》，頁 30。

二、孔子史學精神的繼承：復古從周、撥亂反正的儒者襟懷

（一）「復古從周」的道統擔當

司馬遷〈太史公自序〉引《易》曰：「臣弒君，子弒父，非一旦一夕之故也，其漸久矣。」社會風氣之演變乃由「漸」，而非驟變；其變異之先，皆有端倪可尋，當下反映的人物世情往往是呈現已逝時空的殘影。司馬遷於〈魯周公世家〉記載周宣王廢長立幼，自毀王命；宣王為一代之明君，有「中興」之舉，居然有「廢長立幼」之舉，實不可思議。〔註19〕其實，導宣王者，穆、厲也。

〈周本紀〉記載穆、厲二王為君不正的事蹟，如「穆王將征犬戎」，無視祭公謀父認為「布令陳辭而有不至，則增脩於德，無勤民於遠。是以近無不聽，遠無不服」的勸諫，堅持遠征，最終只「得四白狼白鹿以歸。自是荒服者不至」。又厲王時，「好利，近榮夷公」，大夫芮良夫諫曰：「王室其將卑乎？夫榮公好專利而不知大難。夫利，百物之所生也，天地之所載也，而有專之，其害多矣。天地百物皆將取焉，何可專也？所怒甚多，而不備大難。以是教王，王其能久乎？」「厲王不聽，卒以榮公為卿士，用事」。結果「王行暴虐侈傲，國人謗王」，厲王不但仍不思反省，反而「得衛巫，使監謗者，以告則殺之。其謗鮮矣，諸侯不朝」。時任輔相的召公見此風不可長，進諫曰：「防民之口，甚於防水。水壅而潰，傷人必多，民亦如之」，王仍不聽。「於是國莫敢出言，三年，乃相與畔，襲厲王。厲王出奔於彘」。方有召公、周公二相行政，號曰「共和」之時。故司馬遷於〈十二諸侯年表〉序言曰：

> 太史公讀春秋曆譜諜，至周厲王，未嘗不廢書而歎也。曰：嗚呼，師摯見之矣！紂為象箸而箕子唏。周道缺，詩人本之衽席，關雎作。仁義陵遲，鹿鳴刺焉。及至厲王，以惡聞其過，公卿懼誅而禍作，厲王遂奔于彘，亂自京師始，而共和行政焉。

文中透露出周朝國勢之陵夷，不是朝夕之事，而是長期以來君王不正所導致風氣之敗壞而然，〈關雎〉、〈鹿鳴〉等諷刺詩即由此而作。

〔註19〕關於周宣王廢長立幼一事，時值「魯武公九年春，武公與長子括、少子戲，西朝周宣王，宣王愛戲，欲立戲為魯太子」，周之樊仲山父諫曰：「夫下事上，少事長，所以為順。今天子建諸侯，立其少，是教民逆也。若魯從之，諸侯效之，王命將有所壅；若弗從而誅之，是自誅王命也。誅之亦失，不誅亦失，王其圖之」，然「宣王弗聽，卒立戲為魯太子」。

至於東周，王室威嚴盡失，禮壞樂崩，諸侯僭禮，大夫擅權，孔子所處的正是這樣的時空。《論語・八佾》曾記：「子入太廟，每事問。或曰：『孰謂鄹人之子知禮乎？入太廟，每事問。』子聞之曰：『是禮也？』」錢穆認為「孔子非不知魯太廟中之種種禮器與儀文，然此等多屬僭禮，有不當陳設舉行於侯國之廟者」。知其非禮而不欲明斥；僞作不知，反詰相問「乃一種極委婉而又極深刻之諷刺與抗議」。〔註20〕故孔子的目的在於重新爲眾人尋回那個失喪的態度，那個失喪的態度，一言以蔽之，即「周文」，他的一切學術思想皆由此目的而出。

如《論語・八佾》載：「子曰：『周監於二代，郁郁乎文哉！吾從周。』」〈衛靈公〉載：「顏淵問爲邦。子曰：『行夏之時，乘殷之輅，服周之冕。』」又〈爲政〉載云：「子張問：『十世可知也？』子曰：『殷因於夏禮，所損益可知也；周因於殷禮，所損益可知也；其或繼周者，雖百世可知也。』」《論語》這三條記載皆透露出孔子汲汲以復興周道爲己任的志願。

不僅如此，孔子且有以「周文精神」、「文王之德」全繫於一身的擔當。如《論語・子罕》載曰：「子畏於匡，曰：『文王既沒，文不在茲乎？天之將喪斯文也，後死者不得與於斯文也；天之未喪斯文也，匡人其如予何？』」從現代的眼光來看，孔子的態度雖極具自信，但不免有些自大，甚至張狂，竟以周道之復興全繫己身；從另一方面來看，亦不免韓愈〈答李翊書〉中所言，「志古遺今」之譏也，意即：尚古者，易遭同時之人譏笑爲落伍且跟不上時代潮流。但細審其所處之境，便知此非驕倨之語，而是自勉之詞，亦贗合本文前述所言「文王之德」之所以能取代天命以守護人心的緣故，因其已轉化成一個純粹的精神象徵，一個推動人積極振作的動力。見孔子當時受困於匡，面臨生死交關的威脅，復興周文的信念，乃是支持其得能面對恐懼的力量來源。

尤其就追溯孔子血緣而言，其屬殷宋後裔，先祖孔防叔爲躲避宋國太宰華督逼害，亡命至魯，由公卿貴冑轉爲士族之家，可說因時所迫。其家道雖中落，而貴族遺風未沫，對先王之道的欽慕之思猶存，由是，孔子以復興周道爲志業，以文王周公爲楷模，皆屬正常且可理解之事。

〔註20〕錢穆：《論語新解》，頁73。

（二）「撥亂反正」的教化責任

陳桐生嘗論曰：

> 上古三代時期文化與政治合而爲一，帝王不僅是政治而且也是學術的領袖，由此而實現政治統一、道術統一、教化統一等等，此即所謂道一風同。早期史官文化即是這種王道政治的產物，它代表了當時官學的學術成就。西周以後王道文化傳統衰微，春秋霸主相繼執盟壇牛耳，他們的著眼點在政治而不在文化。〔註 21〕

見陳氏語中重點有二：一是史官文化的發展起源，一是春秋以降，政治與文化漸分的現實趨勢。據錢穆所言：「古者學術統於王官，而史官尤握古代學術之全權。『史』者，乃宗廟職司之一員，故宗教、貴族、學術三者，常相合而不相離。」〔註 22〕質言之，則古代民智未開，掌握知識、技術者縱使非執政當軸，亦必定同屬其一員；而政治既爲管理眾人之事，分明司職、訂定程序則屬必然；既有形式程序之規定，則必有專司文書處理者以紀錄之、敘述之、管理之；爲管理瑣碎之程序，則有精進改良之思辨。此種專司文書紀錄的機構與業務的執行，即爲史官，其目的則在於藉由知識力量，對社會進行理性化的監控。如朱淵清所言：

> 人的行爲是作爲一種綿延（duree）而發生的，是一種連續不斷的行爲流，這就有如認知。人類的行動有其目的，人可以自我意識。人作爲人類社會成員，持續發生的社會行爲流也同樣受到監控。吉登斯（Anthony Giddens）說：「最好把反思性看作根植於人們所展現、並期待他人如此展現的對行動的持續監控過程。這種對行動的反思性監控是以理性化爲基礎的。」官僚機構用文字紀錄保持各種文獻檔案，是理性化的社會監控。〔註 23〕

古代政府既爲處理一切行政事務之核心，自然亦是一切知識集散之核心，而史官機構便是負有紀錄知識、保存知識、傳播知識的功能與責任所在。而其監控的對象不單單指社會百姓，還包括了貴族階層；貴族階層若違反了禮法的規定，史官們就有權將其紀錄，且保存備檔，以供查考。其帶給違法貴族的懲戒不是肉體上的刑傷罰苦，而是精神上的口誅筆伐，如「在齊太史簡，

〔註 21〕陳桐生：《中國史官文化與史記》，頁 41。
〔註 22〕錢穆：《國史大綱》，頁 16。
〔註 23〕朱淵清：《書寫歷史》，頁 27～28。

在晉董狐筆」（文天祥《正氣歌》）的美讚，則點出負責紀錄史事的史官們，對於權力、責任歸屬連繫的要求。當握有政治權力的貴族階層意圖忽視、或推卸其所當背負的連帶責任時，史官們會藉由其理性的判斷、手中紀錄敘事的權力，來提醒這些違法亂紀的貴族、乃至於君王。

西周晚期，穆、厲、幽、宣諸王，帶頭違反禮法，或濫用權力，均代表罔顧其責任；周天子既可罔顧其責任，以下之諸侯卿大夫士自亦效之。孔子說：「政者正也。子帥以正，孰敢不正？」（《論語・顏淵》）這幾句話，是有其所針對的時空背景和歷史事實。

權力既能肆意濫用，藉以強取豪奪、滿足私慾，也就是想當然爾之事。如《論語・八佾》載曰：

> 孔子謂季氏八佾舞於庭：「是可忍也，孰不可忍也？」

再曰：

> 三家者以雍徹。子曰：「『相維辟公，天子穆穆』，奚取於三家之堂？」

又曰：

> 季氏旅於泰山。子謂冉有曰：「女弗能救與？」對曰：「不能。」子曰：「嗚呼！曾謂泰山不如林放乎？」

又如《論語・憲問》所載：

> 陳成子弒簡公。孔子沐浴而朝，告於哀公曰：「陳恒弒其君，請討之。」公曰：「告夫三子！」孔子曰：「以吾從大夫之後，不敢不告也！君曰：『告夫三子』者！」之三子告，不可。孔子曰：「以吾從大夫之後，不敢不告也。」

〈八佾〉所載之三條資料，顯示春秋晚期周天子威信之低迷，不只遭到諸侯的輕視，連卿士、大夫都已經敢僭越天子的禮儀；而〈憲問〉則反映出孔子雖然企圖力挽狂瀾，終究是於事無補，難以抵禦日趨下流的社會風潮，政治與文化的分離只能成爲既定事實。失去了權力與責任的平衡，即使得到再多的利益都只是過眼雲煙，從人巧取豪奪而來，即遭人巧取豪奪而去，故孔子言：

> 天下有道，則禮樂征伐自天子出；天下無道，則禮樂征伐自諸侯出。自諸侯出，蓋十世希不失矣；自大夫出，五世希不失矣；陪臣執國命，三世希不失矣。天下有道，則政不在大夫。天下有道，則庶人不議。（《論語・季氏》）

牟宗三則藉孔子此語，進一步闡述春秋時代結束，進而轉入戰國時期的社會風氣轉變，論曰：

> 春秋時，以有齊桓晉文之霸業，尚可說禮樂征伐自諸侯出。下屆戰國前期，則自大夫出。乃至陪臣執國命矣。自大夫出，實只有征伐，而無禮樂。其趨勢是象徵周文下之宗法封建國家之衰滅而進至軍國時期，此即為戰國之後期，而以秦為終結。……此步轉形乃政治向客觀化的格局所趨，本不可說衰世。然畢竟為衰世者，則以戰國之精神純為「物量」之精神也。〔註 24〕

牟宗三根據錢穆《國史大綱》所歸納春秋與戰國局勢之六點差異，以言其所謂「轉形乃政治向客觀化的格局所趨」。〔註 25〕

然而何謂「客觀化」？簡單來說，即政治權力不再集中於執政當軸一人之身，而是得以擴及諸侯、卿士、大夫，甚至一般人之手。細言之，即是工商興起，土地得以自由轉賣，人民可以通過任何行為以累積私人財產，既有財產之積累，則有保障財產權益之概念，而該如何保障、誰來保障等客觀的法理思辨隨即應運而出，此即所謂「客觀化」。又何謂「物量」？即只知謀取權力，罔顧責任，全然以私德之需為出發點，無視尊重公德為維繫社會穩定的理性力量的必要性。此即牟宗三所言：

> 故戰國時期之精神純為一物量之精神，其軍國主義毫無正面之意義，乃純為盡其物力以從事爭戰者。此所謂「物力」非必限于外在的物質工具之物力。從共同體中解脱出，丟掉周文之文化理想，因而丟掉周文所培養之文化生命，所剩下原始物質生命之粗暴，統謂為「物力」。依是，從共同體中解脱出而見之社會上之生動活躍，亦皆成為「物力」。〔註 26〕

依照周公的設置，責任與權力本由禮法繫為一體，至春秋時，此種聯繫既斷，眾人在追求權力的同時，已毋需再理會責任問題。

換言之，此時的「周文」已經淪為一種抽象的空談與滑稽的想像。孔子在如此的時空環境下，仍致力於恢復「周文」中政治與文化的聯繫，不免予

〔註 24〕牟宗三：《歷史哲學》，頁 100～101。

〔註 25〕即第一：郡縣制推行，政府直轄下的郡縣代替了貴族世襲的采地。第二：井田制的廢棄。第三：農民軍隊之興起。第四：工商業大都市之發展。第五：山澤禁地之解放。第六：貨幣之使用。參錢穆：《國史大綱》第五章。

〔註 26〕牟宗三：《歷史哲學》，頁 105。

人痴人說夢之譏。如《論語‧憲問》的描述：「子路宿於石門。晨門曰：『奚自？』子路曰：『自孔氏。』曰：『是知其不可而爲之者與？』」加上前引「陳成子弒簡公」，孔子請討之未果一事，反映了孔子既揚言要「從周」、「復禮」，卻又不能違反自己「名不正則言不順，言不順則事不成」(《論語‧子路》) 的堅持；換言之，孔子念茲在茲所要回復的價值觀，反倒成爲束縛自身的枷鎖，使自己陷入進退維谷的窘境。同時亦斷絕了他想透過任官從政的具體實踐，重現王道政治的想望。

既然政統、道統分道揚鑣勢在必行，如何重新詮釋「周文」的內涵，使它毋需透過任何外在形式的控制，便能駕馭權力的馳騁，遂成爲當務之急，也是唯一能走的道路。如牟宗三言：

> 夏商周三代歷史之演進，可視爲現實文質之累積。累積至周，則燦然明備，遂成周文。周文一成，以其植根于人性及其合理性，遂得爲現實的傳統標準。周文演變至孔子，已居反省之時。反省即是一種自覺的解析。所謂引史記而加王心焉是也。加王心者，即由親親尊尊之現實的周文進而予以形上之原理。此形上之原理，亦由親親尊尊而悟入。在此轉進中，親親仁也，尊尊義也。此形上原理予周文之親親尊尊以形上之解析與超越之安頓。〔註27〕

孔子以前，周文精神的彰顯乃是通過宗法禮儀的規範，諸侯卿士大夫依禮而行，不超出自己應盡職權；庶人則受刑律的約束，循王室的教化安守本分。是故政府、社會、個人皆在禮法的安排下形成一個穩定的結構；結構穩定，各階層間相安無事，國家則能長治久安。至於周文精神的內涵，只有少數如周公者能完全掌握。

時至孔子，由於上位者帶頭違反禮制的規定 (如前述所言穆王、厲王、宣王等人之事蹟)，臣下自然群起效尤，禮法則隨著時間的變化逐漸失去其約束力，原本穩定的結構就此鬆動，乃至於崩解。而孔子既不得其位，因此無法訴諸于外在形式的力量 (即宗法禮儀的規範) 以維持社會結構的穩定，乃轉求諸個人內在的自覺自勵；當每個人皆能使自己在社會群體中成爲一個穩定的力量，國家自然亦能重新回歸成一個結構穩定的狀態。如牟宗三言：

> 周公之制禮是隨軍事之擴張，政治之運用，而創發形下之形式。此種創造是廣度之外被，是現實之組織。而孔子之創造，則是就現實

〔註27〕牟宗三：《歷史哲學》，頁95。

> 之組織而爲深度之上升。此不是周公之「據事制範」，而是「攝事歸心」。是以非廣被之現實之文，而是反身而上提之形上的仁義之理。此是反身的深入之解析，而不是外指之現實的構造。〔註 28〕

據是，親親之私德由仁，尊尊之公德由義，秉仁義而行則無違，無違則不生亂，眾人皆不亂，於是國家長治久安。

經此時世的變異，周文精神的內涵不再掌握於王室或在位者之手，轉而寄託於「志道、據德、依仁、游藝」的闡發者。如《論語・述而》言：「子曰：『仁遠乎哉？我欲仁，斯仁至矣。』」由仁義之心所規範之下的行爲即爲禮，如《論語・顏淵》所載：「顏淵問仁。子曰：『克己復禮爲仁。一日克己復禮，天下歸仁焉。爲仁由己，而由人乎哉？』」細言之，仁義禮三者，乃是以仁爲內核，推思及義，彰行於禮的人性論假設，一個三環疊套的同心圓結構。〔註 29〕

此「理論假設」深化了《尚書》中「敬」字的內涵，並擴大了實現周文精神的含攝範圍，「文王之德」一轉而爲「君子之德」，一個原先屬於周朝儲備王室或官員的職前訓練，一變而爲塗之人皆可行之的人生哲學；盡公德與私德之平衡，明權力與責任之聯繫，個人之價值不再拘於禮法的限定，而是道德自覺程度的多寡，此即君子與小人之辨；王室不再具有移風易俗之能，而這種教化之權責，反落在士大夫知識份子身上。

（三）「觀過知仁」的批判智慧

孔子在政治生涯遭遇挫敗後，轉向致力於闡仁義、復禮樂、宣教化的心路歷程，然其構想之學理依據何在？

錢穆循章學誠之說，言孔子之學出於王官，而王官學即史官學，史官學備存於六經，是曰：「六經皆史」，謂六經即略有類於當時各衙門官方之檔案耳。六經既爲其時之衙門檔案，故遂綜之曰王官之學。惟孔子則研求此種檔案而深思獨見，有以發揮其所涵蘊之義理，宣揚其大道，自成一家之言。後世推尊孔子，乃推尊其所研習，而崇其名曰經。故就實言之，則經學即史學也。〔註 30〕

〔註 28〕牟宗三：《歷史哲學》，頁 95。
〔註 29〕勞思光：《中國哲學史》第 1 冊，頁 122。
〔註 30〕錢穆：《孔子與論語》，頁 108。

孔子之學，實源自於對歷史典籍檔案的探究，但更重要的是，他還兼具對現實生活細節的觀察，並將這種觀察的智慧，用到對歷史人物的批判上。如《論語．里仁》載曰：

子曰：「人之過也，各於其黨。觀過，斯知仁矣。」

這是孔子批判人物的原則。一般人只看到人物的「過」，這是表象；孔子則從表象之「過」，深入它的內涵，而給予「仁」或「不仁」的評價，不被表象所蒙蔽。

〈爲政〉曰：

子曰：「視其所以，觀其所由，察其所安。人焉廋哉？人焉廋哉？」

這是孔子對人深入觀察的方法。經過「視」、「觀」、「察」三階段的考覈，及「所以」、「所由」、「所安」三部分的內容，則人之是非善惡自然就無所遁形。

另外，〈里仁〉曰：

子曰：「唯仁者，能好人，能惡人。」

以及〈八佾〉曰：

子曰：「居上不寬，爲禮不敬，臨喪不哀，吾何以觀之哉？」

這兩條，是批判人物行爲類型的一正一反例證。

而〈爲政〉曰：

子曰：「吾與回言終日，不違如愚。退而省其私，亦足以發。回也不愚。」

以及〈公冶長〉云：

宰予晝寢。子曰：「朽木不可雕也，糞土之牆不可杇也。於予與何誅？」子曰：「始吾於人也，聽其言而信其行；今吾於人也，聽其言而觀其行。於予與改是。」

這兩條，乃是就門弟子顏回、宰予二人，針對其行爲，通過批判人物的原則、深入觀察的方法、批判行爲類型的例證，而作一正一反的評判。

孔子這種對人物批判的原則和方法，可以說細密周全，因此能給歷史人物以公允的評價。如其謂管仲曰：

子路曰：「桓公殺公子糾，召忽死之，管仲不死。曰未仁乎？」子曰：「桓公九合諸侯，不以兵車，管仲之力也。如其仁！如其仁！」（〈憲問〉）

> 子曰：「管仲之器小哉！」或曰：「管仲儉乎？」曰：「管氏有三歸，官事不攝，焉得儉？」「然則管仲知禮乎？」曰：「邦君樹塞門，管氏亦樹塞門。邦君爲兩君之好，有反坫，管氏亦有反坫。管氏而知禮，孰不知禮？」（〈八佾〉）
>
> 子貢曰：「管仲非仁者與？桓公殺公子糾，不能死，又相之。」子曰：「管仲相桓公，霸諸侯，一匡天下，民到于今受其賜；微管仲，吾其被髮左衽矣！豈若匹夫匹婦之爲諒也，自經於溝瀆而莫之知也。」（〈憲問〉）

子路與子貢皆不約而同地質疑管仲未能爲舊主公子糾殉死，甚至投入敵人桓公的陣營，故斥其「不仁」。孔子則據管仲「霸諸侯」、「匡天下」，使中原免於夷狄之難而肯定其功業，並許其爲「仁」，這就是「觀過，斯知仁矣」。但孔子又非全然因管仲之功業，而不指出其非禮、豪奢的過失。

又如〈憲問〉篇，子曰：「晉文公譎而不正，齊桓公正而不譎。」劉寶楠《論語正義》注云：「譎，權也。正，經也。言晉文能行權而不能守經，齊桓能守經而不能行權，各有所長，亦各有所短也。」〔註 31〕據洪國樑師之解釋：「譎者，即善於作權宜之計；正者，即能堅持原則」，〔註 32〕此即孔子嘗言：「吾有知乎哉？無知也。有鄙夫問於我，空空如也，我叩其兩端而竭焉。」（《論語・子罕》）其意即在透過正反兩面的理解，以釐清核心的事實眞相，並給予人物公允的評價。而此點亦爲司馬遷所承襲，如〈李斯列傳〉、〈蘇秦列傳〉結尾的論贊，司馬遷皆處於時論的反面，通過史料的佐證，還原傳主複雜的人生與眞實的面貌（參第肆章「歷史研究與問題意識的辯證關係」）。

總言之，孔子之學源自於對歷史典籍檔案的探究與現實生活細節的觀察，在抽象思辨與具體經驗中取得對照融合的契機，使自己的思想不至於陷入空泛的玄想或成見的偏狹，此種嚴謹持學的自覺，即可稱之爲「史學精神」，因其已非單純地注重歷史知識、歷史教訓的作用，而是要求自己必須在理性運作、講究邏輯、注重事實的前提下運用或評斷過去的史事和當下的現實，不可使歷史事實遭到污衊、扭曲。此即司馬遷引孔子語云：「我欲載之空言，不如見之於行事之深切著明也」的內涵眞義。

〔註 31〕〔清〕劉寶楠：《論語正義》，頁 570。
〔註 32〕此據洪博昇學長，於洪國樑師《訓詁學》課堂之筆記。

三、戰國時代風氣的激盪：援古議今、改革變法的政治工具

自「田氏篡齊」、「三家分晉」後，東周進入另一個嶄新時期。戰國七雄從二百餘年的內爭與外鬥中脫穎而出，有背主自立的新興國家如韓趙魏等，亦有弒主奪國的篡逆如田齊，又或如秦楚燕因地處邊陲、單面與鄰國接壤的天然優勢，而能從春秋激烈的競爭中延續至戰國。諸國互不相讓，都想在詭譎多變的複雜情勢中，謀取更多的利益以壯大自己。而結束多元分裂政治，完成天下一統，是戰國時期看似動盪不安的社會表象下的潛流，是彼時諸國縱使不願面對，也被迫要面對的重大政治課題。

（一）競尚利祿的時代風氣

戰國諸侯既以「競尚利祿」爲要務，因此人才之招攬，遂成爲各國施政的當務之急，所謂「賢人在而天下服，一人用而天下從」（《戰國策・秦策一・蘇秦始將連橫》語），〔註 33〕「得地千里，不若得一聖人」（《呂氏春秋・贊能》語）〔註 34〕等等，即是表明各國求才若渴的政治現象。

尤其自春秋末孔子以貴族之裔，有教無類、分科授徒，使以往貴族專享的知識權力得以解放，王官學轉而爲百姓學，講學之風大爲興盛，各地域人才的流動、萌生亦隨之活絡。而儒家既爲王官學之結束、百家學之開端，各國國君之欲招攬賢才者，自然首先將目光關注於此。其實孔子尚在世時，席下便有多位弟子任職於卿士大夫之所，如子路先「爲季氏宰」，後轉任於衛大夫孔悝之下，任「蒲大夫」；宰我仕齊，爲「臨菑大夫」；子游爲「武城宰」，宓子賤爲「單父宰」，子羔爲「費郈宰」，皆仕於魯國。又公西赤曾代表魯國「使於齊」。其中子貢更是「結駟連騎，束帛之幣以聘享諸侯，所至，國君無不分庭與之抗禮。」（〈貨殖列傳〉）諸侯爭相向孔門邀賢納才的盛況，可以想見。

孔子死後，「七十子之徒散游諸侯，大者爲師傅卿相，小者友教士大夫，或隱而不見。」（〈儒林列傳〉）彼等雖得受貴族之尊養，卻多只能清貴自持，成爲貴族們標榜禮賢下士、沽名釣譽的活招牌罷了。因爲一者其門下弟子多數無法完全把握孔子「復古從周」的襟抱；一者貴族階層的分崩離析益發急進，「復古從周」，回復禮制，實與時風相逆，若欲強行，無疑螳臂擋車。

〔註 33〕〔西漢〕劉向：《戰國策・秦策一・蘇秦始將連橫》，頁 88。

〔註 34〕〔秦〕呂不韋等 編；張雙棣、張萬彬等 注譯：《呂氏春秋譯注・贊能》，頁 723。

如子夏爲魏文侯延攬，執師禮相尊，〈儒林列傳〉載云：

> 子夏居西河，……如田子方、段干木、吳起、禽滑釐之屬，皆受業於子夏之倫，爲王者師。是時獨魏文侯好學。

又〈魏世家〉記曰：

> 文侯受子夏經藝，客段干木，過其閭，未嘗不軾也。秦嘗欲伐魏，或曰：「魏君賢人是禮，國人稱仁，上下和合，未可圖也。」文侯由此得譽於諸侯。

客居於魏的子夏，延續孔子之教育事業，培育出不少人才，如李克爲魏文侯之相（〈貨殖列傳〉），田子方、段干木等則是當時被譽爲「不趣勢利，懷君子之道，隱處窮巷，聲馳千里」（《正義・魏世家》引皇甫謐《高士傳》）的大賢，令魏文侯每過其家宅，必扶軾以示尊崇。

但魏文侯是否如此好德禮賢，或許我們對照其任用曾子學生吳起之過程，便得窺其一二。〈孫子吳起列傳〉載云：

> 文侯問李克曰：「吳起何如人哉？」李克曰：「起貪而好色，然用兵司馬穰苴不能過也。」於是魏文侯以爲將，擊秦，拔五城。

綜觀來看，我們可作如此理解：魏文侯有禮賢之舉是事實，但其更主要之目的應在於博得善賢之譽名，而非出於好德之心以行禮賢之事，否則如吳起這般背負殺妻棄母的罵名又猜忍好殺的性格，文侯厭棄都唯恐不及，何況任用。故錢穆曰：

> 季孫氏固不能眞欣賞孔子，然他們卻佩服孔門之冉有、子路。魏廷亦未必能眞尊事子夏、田子方，然卻不能不用李克、吳起。因用李克、吳起，不得不虛敬子夏、田子方。孔子、子夏同采一種不合作的態度，來保持他們學術上的尊嚴。冉有、李克之徒，則以眞實的事功，換取當時的信仰與地位。〔註35〕

所言甚具見地。

孔子所傳之儒學，雖旨在回復周文，重整宗法之秩序，然而眞正具備實力以協助他實踐理想之人，正是破壞禮樂宗法的元凶，這使孔子復陷入進退兩難的局面，最終只得採取矜節自持，勸人養德尊禮的消極態度。時至戰國，此種窘境益甚。但儒學對於重整貴族秩序的想望，卻使其後學轉至「導之以政，齊之以刑」（〈爲政〉）之路，即以富國強兵爲基礎、攻戰勝人爲目的的法家。

〔註35〕錢穆：《國史大綱》，頁105。

《論語・雍也》云：「齊一變至於魯。魯一變至於道。」黃公偉云：「法家起自管子」，「管仲爲齊桓公相，傳太公望兵謀之統。興漁鹽之利，支持軍事擴張。禮法兼任而獨創法治規範。爲諸子之首出」。〔註36〕黃氏認爲春秋時之學術主流有二，一爲齊國太公之學，以兵謀爲統；一爲魯國周公之學，以禮樂爲統。〔註37〕而孔子銜接二者，由法治轉入德治，由〈爲政〉所云：「道之以政，齊之以刑，民免而無恥；道之以德，齊之以禮，有恥且格」，則可見其思維之變化脈絡。

李克學自子夏，吳起師事曾子。李克撰《法經》六篇，「爲魏文侯作盡地力之教」（《索隱・貨殖列傳》），興地利重生產以強國，後商鞅受之以相秦；吳起相楚以後，「明法審令，捐不急之官，廢公族疏遠者，以撫養戰鬬之士」（〈孫子吳起列傳〉），要在彊兵。皆可見兩人雖同出儒門，實已入於兵家、法家之途。

但此時的游士，尙未全然屛棄儒家「尙德」的外衣。如〈孫子吳起列傳〉載魏武侯「浮西河而下」，見山河之壯麗險固，不禁心生讚嘆爲「魏國之寶」，然而吳起援引三苗夏殷之事蹟，對曰：爲君之道「在德不在險。若君不脩德，舟中之人盡爲敵國也。」莫怪乎爾後公叔任魏相，抓緊其「節廉而自喜名」的弱點，使計將其迫離魏國，司馬遷亦云：「吳起說武侯以形勢不如德，然行之於楚，以刻暴少恩亡其軀。悲夫！」又商鞅挾魏國變法成功之經驗，見秦孝公卻先說之以帝王之道，惺惺作態之姿，史遷亦已看破其手段，如〈商君列傳〉末贊云：

> 商君，其天資刻薄人也。跡其欲干孝公以帝王術，挾持浮說，非其質矣。且所因由嬖臣，及得用，刑公子虔，欺魏將卬，不師趙良之言，亦足發明商君之少恩矣。余嘗讀商君〈開塞〉、〈耕戰〉書，與其人行事相類。卒受惡名於秦，有以也夫！

商鞅、吳起的舉措，已完全背離孔子「君子欲訥於言而敏於行」（《論語・里仁》）及「古者言之不出，恥躬之不逮也」（《論語・里仁》）的行事原則，缺乏中心思想，只想憑術數、挾浮說以求得富貴、保持祿位，此現實、虛僞的風氣，成爲戰國諸子的通病。

〔註36〕黃公偉：《法家哲學體系指歸》，頁8。
〔註37〕黃公偉：《法家哲學體系指歸》，頁12。

（二）托古自重的游說之風

從史學的角度來看，托古自重的游說之風衍生之弊病是：爲增加說辭之可信度，罔顧歷史知識需建立於客觀事實之上，擅以主觀臆測解釋史事，以迎合自己的理論與立場。如《荀子・儒效》便斥云：

> 繆學雜舉，不知法後王而一制度，不知隆禮義而殺《詩》、《書》；其衣冠行僞已同於世俗矣，然而不知惡者；其言議談説已無異於墨子矣，然而明不能別；呼先王以欺愚者而求衣食焉，得委積足以揜其口則揚揚如也；隨其長子，事其便辟，舉其上客，億然若終身之虜而不敢有他志：是俗儒者也。〔註 38〕

指出當時有些作儒生打扮、儒家言辭之人，口口聲聲托名先王先聖，實際上與墨子提倡要法夏禹無異，都是爲了欺騙不知情的人以詐取利益。

確實，至孔子倡言要復古從周後，除墨子欲法夏禹外，尚有孟子言必稱堯舜，許行爲神農之言，莊子更刻意濫造古聖先王之說，其他小家小眾托古著書者便更是不勝枚舉。〔註 39〕

如《孟子・滕文公下》曰：

> 昔者禹抑洪水而天下平，周公兼夷狄、驅猛獸而百姓寧，孔子成《春秋》而亂臣賊子懼。《詩》云：「戎狄是膺，荊舒是懲；則莫我敢承。」無父無君，是周公所膺也。我亦欲正人心、息邪說、距詖行、放淫辭，以承三聖者。豈好辯哉？予不得已也。能言距楊墨者，聖人之徒也。

孟子將「孔子作《春秋》」與「大禹治水」、「周公兼夷狄」相提並論，然不知其謂「孔子作《春秋》」之論據究竟爲何？莫非亦是「以意逆志而得之」。〔註 40〕

〔註 38〕〔戰國〕荀子 著；〔清〕王先愼：《荀子集解・儒效》，卷 4，頁 17，總頁 289～290。

〔註 39〕羅根澤：〈晚周諸子反古考〉，收入《古史辨》第六冊，頁 8。

〔註 40〕見《孟子・萬章上》曰：「咸丘蒙曰：『舜之不臣堯，則吾既得聞命矣。《詩》云：“普天之下，莫非王土；率土之濱，莫非王臣。”而舜既爲天子矣，敢問瞽瞍之非臣，如何？』曰：『是詩也，非是之謂也；勞於王事而不得養父母也。曰：“此莫非王事，我獨賢勞也。”故說詩者，不以文害辭，不以辭害志；以意逆志，是爲得之。』」然「以意逆志」固然可矯拘泥文字章句之弊，卻也不免添生「無憑揣測，想當然爾」之病。

無論如何，孟子之說，致使此事成為爾後學界不斷爭訟的公案之一，因孔子嘗明言：「述而不作，信而好古，竊比於我老彭。」(《論語・述而》) 且整部《論語》皆不見孔子有作《春秋》之記載，近人楊伯峻於其著《春秋左傳注》中，對於孔子與春秋之關係更有學術性的釐清。〔註 41〕陳桐生為此緩頰言：「我認為，儘管孔子作《春秋》之事一時難下定論，但是我們仍可以充分重視戰國秦漢之際對孔子作《春秋》的文化認同，即是說，要把考證孔子是否作《春秋》與戰國秦漢之際對孔子作《春秋》的文化認同分開來。」〔註 42〕此話甚是公允，但又言：「戰國秦漢之際對孔子作《春秋》的文化認同並非完全向壁虛構，而是以孔子本人的言行思想作為基本依據的。」〔註 43〕無形中亦表明了他認為戰國秦漢學人有時為了闡述自己的理念或文化認同，會有擱置、甚或忽視歷史需以客觀證據為前提的行為產生。

若追究此種臆測歷史、托名古人的行為，其背後之心態，撇開文化信念等大義，其實目的便是在壓倒其他學派，凸顯己說，如上述孟子援引周公、孔子為憑，不即意在排距楊墨的學術勢力嗎？又如《墨子・公孟》記載：

> 公孟子曰：「君子必古言服，然後仁。」子墨子曰：「昔者商王紂卿士費仲為天下之暴人，箕子、微子為天下之聖人，此同言而或仁或不仁也。周公旦為天下之聖人，關叔為天下之暴人，此同服或仁或不仁。然則不在古服與古言矣。且子法周，而未法夏也，子之古非古也。」〔註 44〕

又《淮南子・要略》云：

> 墨子學儒者之業，受孔子之術。以為其禮煩擾而不說，厚葬靡財而貧民，服傷生而害事。〔註 45〕

從上述兩段之敘述，可得知墨子欲改變孔子復古從周之心志，而代以節用尚儉的樸素制度。然「世俗之人，多尊古而賤今，故為道者必託之於神農、黃帝而後能入說。」(《淮南子・脩務訓》)〔註 46〕因為世俗總秉持的每下愈況的刻板印象，而儒家既已恢復近古之周制為號召，則墨家必謂其所言較周更古，

〔註 41〕楊伯峻：《春秋左傳注》，頁 5～16。
〔註 42〕陳桐生：《中國史官文化與史記》，頁 42。
〔註 43〕陳桐生：《中國史官文化與史記》，頁 43。
〔註 44〕〔戰國〕墨子 著；吳毓江 校注：《墨子校注・公孟》，頁 689。
〔註 45〕〔西漢〕劉安 著；劉文典 集解：《淮南鴻烈集解・要略》，卷 21，頁 709。
〔註 46〕〔西漢〕劉安 著；劉文典 集解：《淮南鴻烈集解・脩務訓》，卷 19，頁 653。

方能抑制儒家之勢，由是「背周道而用夏政」(《淮南子・要略》)，〔註 47〕「稱道曰：昔禹之湮洪水」(《莊子・天下》)〔註 48〕云云，遂傲然對儒家公孟子曰：「子法周而未法夏也，子之古非古也。」〔註 49〕其實，就是如荀子所言「呼先王以欺愚者而求衣食」也。

《孟子・滕文公上》所記與農家許行弟子陳相的對辯又何嘗不是如此，載曰：

> 當堯之時，天下猶未平，洪水橫流，氾濫於天下；草木暢茂，禽獸繁殖；五穀不登，禽獸偪人；獸蹄鳥迹之道，交於中國。堯獨憂之，舉舜而敷治焉。舜使益掌火；益烈山澤而焚之，禽獸逃匿。禹疏九河，瀹濟、漯而注諸海；決汝、漢，排淮、泗，而注之江，然後中國可得而食也。當是時也，禹八年於外，三過其門而不入，雖欲耕，得乎？

其言堯舜時之社會生活彷彿身處其境，歷歷在目，莫怪乎爾後有莊子門人及韓非相繼暢言上古生民之事蹟。如《莊子・盜拓》言：

> 且吾聞之，古者禽獸多而人少，於是民皆巢居以避之，晝拾橡栗，暮棲木上，故命之曰有巢氏之民。古者民不知衣服，夏多積薪，冬則煬之，故命之曰知生之民。神農之世，臥則居居，起則于于。民知其母，不知其父，與麋鹿共處，耕而食，織而衣，無有相害之心，此至德之隆也。〔註 50〕

此爲戰國諸子中，目前最早提及「有巢氏」之名者。而同樣論及上古生民社會之景況的韓非，除「有巢氏」之外，又別述一「燧人氏」。見《韓非子・五蠹》云：

> 上古之世，人民少而禽獸眾，人民不勝禽獸蟲蛇。有聖人作，搆木爲巢以避羣害，而民悅之，使王天下，號之曰有巢氏。民食果、蓏、蜯、蛤，腥、臊、惡、臭，而傷害腹胃，民多疾病。有聖人作，鑽燧取火，以化腥臊，而民說之，使王天下，號之曰燧人氏。〔註 51〕

〔註 47〕〔西漢〕劉安 著；劉文典 集解：《淮南鴻烈集解・要略》，卷 21，頁 709。
〔註 48〕〔戰國〕莊周 著；〔清〕郭慶藩 集釋：《莊子集釋・天下》，卷 10 下，頁 1077。
〔註 49〕羅根澤：〈晚周諸子反古考〉，收入《古史辨》第六冊，頁 4。
〔註 50〕〔戰國〕莊周 著；〔清〕郭慶藩 集釋：《莊子集釋・盜拓》，卷 9 下，頁 995。
〔註 51〕〔戰國〕韓非 著；〔清〕王先愼 集解：《韓非子集解・五蠹》，頁 442。

《莊子》一書「大抵率寓言」,「皆空語無事實」,史遷斷之已明,且〈盜拓〉篇已自道所謂「有巢氏之民」、「知生之民」及「神農之世」皆是聽聞而來,塗說之言,並無實據。循此理路,則韓非道「有巢氏」、「燧人氏」者應同樣不可信,即如魯迅所言:

> 巫以記神事,更進,則史以記人事也,……至於上古實狀,則荒漠不可考,君長之名,且難審知,世以天皇地皇人皇爲三皇者,列三才開始之序,繼以有巢燧人伏羲神農者,明人群進化之程,殆皆後人所命,非眞號矣。〔註 52〕

實狀既不可考,實名亦難審知,而莊、韓又何以知之,況且有孟軻「以意逆志」之法在先,就不免引人懷疑莊、韓之說是否同屬「想當然爾」的推想揣測了。

總言之,戰國諸子大多缺乏先建立客觀的論據基礎,方才據以說理言事的前提原則,或有將傳說故事加以刪潤成文,又或想當然爾的向壁虛造,其目的皆在爭相托古以顯名爭勝,如墨子、孟子、韓非等思想大家都不免有此習性,其他小家小眾忽視事實基礎,混淆傳說、史事以遊說進仕的混亂景況,便更加可以想見。

(三)蔑視歷史的功利主義

法家的反智主義與排他性,隨著戰國晚期的日漸得勢,獲得充分的發揮與擴張,造成由上至下對歷史知識失去信任乃至於鄙棄。如〈顯學〉篇曰:

> 孔子、墨子俱道堯、舜,而取舍不同,皆自謂眞堯、舜;堯、舜不復生,將誰使定儒、墨之誠乎?殷、周七百餘歲,虞、夏二千餘歲,而不能定儒、墨之眞,今乃欲審堯、舜之道於三千歲之前,意者其不可必乎!無參驗而必之者,愚也;弗能必而據之者,誣也。故明據先王,必定堯、舜者,非愚則誣也。愚誣之學,雜反之行,明主弗受也。〔註 53〕

又〈外儲說・左上〉言:

> 人主於說也,皆如燕王學道也;而長說者,皆如鄭人爭年也。是以言有纖察微難而非務也,故李、惠、宋、墨皆畫策也;論有迂深閎

〔註 52〕魯迅:《魯迅全集・漢文學史綱》,頁 355。
〔註 53〕〔戰國〕韓非 著;〔清〕王先愼 集解:《韓非子集解・顯學》,頁 457。

大非用也，故畏震瞻車（案：當作魏牟、處、瞻何、陳駢四人）狀皆鬼魅也。〔註54〕

〈顯學篇〉言託古非眞，〈外儲說〉言託古甚易。韓非認爲從託古而言，今去古已遠，況且越遠便越無從質證，猶如畫鬼，「鬼魅無形者，不罄於前」，〔註55〕故易畫之也。而從實用處言，稱譽僞古，無補於今，猶如畫莢之功，「非不微難也，其用與素髹莢同」。〔註56〕

又〈八說〉篇云：

古人亟於德，中世逐於智，當今爭於力。古者寡事而備簡，樸陋而不盡，故有珧銚而推車者。古者人寡而相親，物多而輕利易讓，故有揖讓而傳天下者。然則行揖讓，高慈惠而道仁厚，皆推政也。處多事之時，用寡事之器，非智者之備也；當大爭之世，而循揖讓之軌，非聖人之治也。故智者不乘推車，聖人不行推政也。〔註57〕

韓非認爲古今情勢不同，古時社會風氣尙簡樸，事、物皆質陋，資源充足又利薄，故人皆揖讓而不重。然今世民智漸開，爭心則起，大爭之世行揖讓之政無疑自取死路。羅根澤便評曰：

託古者欲託古以改制，故謂今不如古；反古者欲變古以立法，故謂古不如今。就對歷史之認識而言，反古之說韙矣。然其目的，固不在研究歷史，而在摧毀各家學說，以勵行貴貴政治，反古是一種策略，歷史進化觀則是策略之策略也。〔註58〕

羅氏認爲從古今時代進步變化的角度而言，韓非所言甚是，然其用心不在批判歷史以促進學術的進步，反而旨在協助君王打壓學術，其心可誅，功罪遂易也。

故黃公偉斥始皇帝爲「九空暴君」，追溯其源，則爲商韓之過也，謂曰：

沿至商鞅變法後，有法無天，以統政法。君權擴張，法權低落，反而造成暴君以聖王的面目出現。暴君即天理，故曰「無天」，「空上」。兵刑即法律即是「無法」，「空下」。六國末期所以成爲「九空」之世。

〔註54〕〔戰國〕韓非 著；〔清〕王先愼 集解：《韓非子集解・外儲說左上》，頁261～262。

〔註55〕〔戰國〕韓非 著；〔清〕王先愼 集解：《韓非子集解・外儲說左上》，頁271。

〔註56〕〔戰國〕韓非 著；〔清〕王先愼 集解：《韓非子集解・外儲說左上》，頁270。

〔註57〕〔戰國〕韓非 著；〔清〕王先愼 集解：《韓非子集解・八說》，頁426。

〔註58〕羅根澤：〈晚周諸子反古考〉，收入《古史辨》第六冊，頁39。

在政治上，秦始皇用李斯、韓非兩怪客，產生了三空，一爲大興獄吏，焚書坑儒，以「愚民」使人「眼空」，二爲收天下兵器以「弱民」，使人「手空」。三爲秦皇焚詩書百家言，無文教，使人「耳空」。韓非論刑法，又生四空之果。一爲「非古是今」是「空前」，二爲「有法無天」是「空上」，三爲「有君無民」是「空下」。四爲「文教失傳」是「空後」。合此七空會商君二空之所造，即爲九空。於是秦皇乃使天下化爲「空城」。〔註59〕

商、韓一路蔑視歷史、輕鄙文化的態度，最終即是遭歷史反噬，化爲長河之塵沙矣。

戰國此種濫用史料，任意曲解、捏造史實的風氣，影響及於漢代，最明顯的即反映在「過秦」風潮之上（見下節）；而蔑棄史料、罔顧史實、無視歷史鑑戒之價值，其後果便是如嬴秦亡於自己剛愎自是的暴政之下。

正由於漢代承接戰國嬴秦僞古、託古、泥古、反古等盤根錯節、交纏不清的惡習，故司馬遷不得不明確建立出一套歷史研究的方法，重新清理戰國所遺文獻中眞僞雜參的爛攤子。其倡言「疑則傳疑」(〈三代世表序〉)、「著其明，疑者闕之」(〈高祖功臣侯表序〉)，即意在宣告秉持孔子尊重史料、史事的史學精神。

第二節　對西漢學術爭議的省思

凡人必有意見之異，有異則必生爭辯，其爭辯時，或憑一時之感性，或循理性之思考，後者則是學術存在之責任與任務之一。一個國家的文化精神，大抵可分作三個層面進行探討：政治、經濟、學術。政治現實掌握文化的趨向，經濟活動支撐文化的發展，學術論辯則提供文化修正改革的方向。三者環環相扣，互爲表裏。故而欲觀一國或一群體文化精神之展現，觀其爭辯之態度與方法，亦能窺豹一斑，見小知大。

儒家自孔子以降，除了提倡通過制度的訂定、調整，以消極抑制爭執的產生外，最重要的是強調個人的道德自覺，以收一勞永逸之效。如荀子言：

有亂君，無亂國；有治人，無治法。羿之法非亡也，而羿不世中，禹之法猶存，而夏不世王。故法不能獨立，類不能自行。得其人則

〔註59〕黃公偉：《法家哲學體系指歸》，頁455。

> 存，失其人則亡。法者治之端也；君子者法之原也。故有君子，則法雖省，足以徧矣。無君子，則法雖具，失先後之施，不能應事之變，足以亂矣。不知法之義，而正法之數者，雖博，臨事必亂。故明主急得其人，而闇主急得其埶。〔註60〕

孟子更直言曰：

> 齊宣王問曰：「湯放桀，武王伐紂，有諸？」孟子對曰：「於傳有之。」曰：「臣弒其君，可乎？」曰：「賊仁者，謂之賊；賊義者，謂之殘。殘賊之人，謂之一夫。聞誅一夫紂矣，未聞弒君也。」(〈梁惠王下〉)

無法施行仁義之政的國君，就孟子看來，根本就不具國君的資格，只是一個人人皆得而誅之的匹夫。學術論戰不僅反映所處時代的社會風氣與政治走向，更象徵自孔子分離文化與政治之關係，藉學術之普及，使其獨立於政統之外，且反過來監視政統的道統力量。

本節企圖從四個方面，探究漢初學術發展的概略：從政治言，爲「過秦」的論戰；從學術言，爲陰陽儒與道法家爲學術地位之爭；從經濟言，則爲漢武朝的經濟改革政策及其所牽涉之政經問題；最後，則是作爲一個核心的思想系統，籠罩兩漢政經學術脈動的《春秋公羊學》。

一、「過秦」之議：秦朝的功過與評價

「過秦」的風氣，其實自漢高祖劉邦甫定天下之際，便已悄悄地展開。雖然劉邦憑藉著天生的英雄人格、領導氣質，吸引大批將士謀臣甘心效命，進而擊敗強敵項羽。但據實而論，其統治集團除張良出身貴族爲韓相之子，張蒼、叔孫通爲秦朝舊員外，其他大抵皆來自於中下階層，出身微寒，未有治理朝政之經驗。〔註 61〕而販夫走卒一旦躍居要津，其言行之質樸豪爽所造成的秩序紊亂，是可以想見，如〈叔孫通列傳〉載曰：

> 漢五年，已幷天下，諸侯共尊漢王爲皇帝於定陶，叔孫通就其儀號。高帝悉去秦苛儀法，爲簡易。羣臣飲酒爭功，醉或妄呼，拔劍擊柱，高帝患之。

〔註60〕〔戰國〕荀子 著；〔清〕王先謙 集解：《荀子集解・君道》，卷8，頁1，總頁419。

〔註61〕〔清〕趙翼：《廿二史札記》，頁36～37，〈漢初布衣將相之局〉條。

時劉邦已是帝王之尊，然眾將尚習於往日的相處模式，於朝堂上醉酒鬧事，無視朝廷威嚴；倘若沒有叔孫通等儒生爲其訂定禮儀，其如何能知「皇帝之貴」呢！所以漢高祖雖然厭憎詩書儒服，卻也不得不倚賴這些知識分子爲他謀策制儀，以確保好不容易打下的江山的穩定局面。於是，「漢承秦弊」之後，如何興漢就成爲一個具有承襲與變革之連續關係的階段性問題。而論述指陳秦王朝的功過得失，遂成爲最直接也最具效果的方式，「過秦」之風由此而來，其先驅則是楚人陸賈。

（一）漢初「過秦」的先驅人物

「過秦」思想反映出漢初人物深刻的歷史感和敏銳的時代感，它是由西漢政權甫建立時，由思想家陸賈首先提出來的。〔註 62〕見〈酈生陸賈列傳〉載云：

> 陸生時時前説稱《詩》、《書》。高帝罵之曰：「迺公居馬上而得之，安事《詩》、《書》！」陸生曰；「居馬上得之，寧可以馬上治之乎？且湯武逆取而以順守之，文武並用，長久之術也。昔者吳王夫差、智伯極武而亡；秦任刑法不變，卒滅趙氏。鄉使秦已幷天下，行仁義，法先聖，陛下安得而有之？」高帝不懌而有慙色，迺謂陸生曰：「試爲我著秦所以失天下，吾所以得之者何，及古成敗之國。」陸生迺粗述存亡之徵，凡著十二篇。每奏一篇，高帝未嘗不稱善，左右呼萬歲，號其書曰《新語》。

陸賈學出荀子，〔註 63〕儒道兼用，倡言詩書不遺餘力，如《新語・道基》篇言：「後世衰廢，於是後聖乃定五經、明六藝。」〔註 64〕又：「聖人防亂以經藝。」〔註 65〕〈術事〉篇云：「校修五經之本末。」〔註 66〕又〈懷慮〉篇云：「世人不學詩、書，行仁義，尊聖人之道，極經義之深。」〔註 67〕〈本行〉篇云：「表定六藝，以重儒術。」〔註 68〕但陸賈雖然倡言詩書，卻又嘗言：「書不必起仲尼之門。」（《新語・術事》）〔註 69〕徐復觀評說：「因爲陸

〔註 62〕陳其泰：《史學與中國文化傳統》，頁 60。
〔註 63〕〔西漢〕陸賈 著；王利器 校注：《新語校注・前言》，頁 7～8。
〔註 64〕〔西漢〕陸賈 著；王利器 校注：《新語校注・道基》，頁 18。
〔註 65〕〔西漢〕陸賈 著；王利器 校注：《新語校注・道基》，頁 29。
〔註 66〕〔西漢〕陸賈 著；王利器 校注：《新語校注・術事》，頁 37。
〔註 67〕〔西漢〕陸賈 著；王利器 校注：《新語校注・懷慮》，頁 137。
〔註 68〕〔西漢〕陸賈 著；王利器 校注：《新語校注・本行》，頁 142。
〔註 69〕〔西漢〕陸賈 著；王利器 校注：《新語校注・術事》，頁 44。

賈把握的是活的五經六藝，而其目的是在解決現實上的問題，所以他把儒家的仁義與道家無爲之教，結合在一起，開兩漢儒道並行互用的學風。」〔註70〕王利器亦贊其爲「漢代學術思想導乎先路者也。」〔註71〕徐、王二人也都認爲司馬遷在纂修《史記》的過程中，必以陸賈之著述爲第一手材料之一。〔註72〕陸賈於漢初學術發展之歷史定位可見一斑。

雖然陳其泰認爲現存《新語》各篇皆以「過秦」爲立論依據。〔註73〕但根據《新語》的內容來看，直接論述秦亡天下者，凡五處：

> 齊桓公尚德以霸，秦二世尚刑而亡，故虐行則怨積，德布則功興。〔註74〕

> 夫居高者自處不可以不安，履危者任杖不可以不固。自處不安則墜，任杖不固則仆。是以聖人居高處上，則以仁義爲巢，乘危履傾，則以聖賢爲杖，故高而不墜，危而不仆。昔者，堯以仁義爲巢，舜以稷、契爲杖，故高而益安，動而益固。處宴安之臺，承克讓之塗，德配天地，光被八極，功垂於無窮，名傳於不朽，蓋自處得其巢，任杖得其人也。秦以刑罰爲巢，故有覆巢破卵之患；以李斯、趙高爲杖，故有頓仆跌傷之禍，何者？所任者非也。故杖聖者帝，杖賢者王，杖仁者霸，杖義者強，杖讒者滅，杖賊者亡。〔註75〕

> 秦始皇設刑罰，爲車裂之誅，以斂姦邪，築長城於戎境，以備胡、越，征大吞小，威震天下，將帥橫行，以服外國，蒙恬討亂於外，李斯治法於內，事逾煩天下逾亂，法逾滋而天下逾熾，兵馬益設而敵人逾多。秦非不欲治也，然失之者，乃舉措太眾、刑罰太極故也。是以君子尚寬舒以褒其身，行身中和以致疏遠；民畏其威而從其化，懷其德而歸其境，美其治而不敢違其政。〔註76〕

〔註70〕徐復觀：《兩漢思想史 卷二》，頁101。
〔註71〕〔西漢〕陸賈 著；王利器 校注：《新語校注・前言》，頁11。
〔註72〕徐復觀：《兩漢思想史 卷二》，頁95。〔西漢〕陸賈 著；王利器 校注：《新語校注・前言》，頁14。
〔註73〕陳其泰：《史學與中國文化傳統》，頁60。
〔註74〕〔漢〕陸賈 著；王利器 校注：《新語校注・道基》，頁29～30。
〔註75〕〔漢〕陸賈 著；王利器 校注：《新語校注・輔政》，頁50～51。
〔註76〕〔漢〕陸賈 著；王利器 校注：《新語校注・無爲》，頁62～64。

> 秦始皇驕奢靡麗，好作高臺榭，廣宮室，則天下豪富制屋宅者，莫不倣之，設房闥，備廄庫，繕雕琢刻畫之好，博玄黃琦瑋之色，以亂制度。〔註 77〕

> 秦二世之時，趙高駕鹿而從行，王曰：「丞相何爲駕鹿？」高曰：「馬也。」王曰：「丞相誤邪，以鹿爲馬也。」高曰：「乃馬也。陛下以臣之言爲不然，願問羣臣。」於是乃問羣臣，羣臣半言馬半言鹿。當此之時，秦王不能自信其直目，而從邪臣之言。鹿與馬之異形，乃眾人之所知也，然不能別其是非，況於闇昧之事乎？〔註 78〕

張強歸納其要旨大抵有五：其一，以爲秦失天下在於「尙刑」而不「尙德」；其二，以爲秦失天下在於用人不當；其三，以爲秦失天下在於對外窮兵黷武，對內厲行酷法；其四，以爲秦失天下在於人主驕奢靡麗，自亂制度；其五，以爲秦失天下在於不能辨明忠奸是非。〔註 79〕

陸賈陳述秦亡之過，往往結合自己所見所聞，從現實需要與人情義理方面出發，以歸納其經驗教訓。〔註 80〕故卑之而無高論，不會流於理論框架的束縛和玄談當中，方能「每奏一篇，高帝未嘗不稱善，左右呼萬歲」（〈酈生陸賈列傳〉），否則依照劉邦的流氓性格，哪能耐著性子聽他「時時稱說詩書」（〈酈生陸賈列傳〉），還只是「不懌而有慙色」（〈酈生陸賈列傳〉）呢？

繼陸賈之後，張釋之與賈山兩人也曾「借秦爲喻」，「言治亂之道」。如《漢書・賈鄒枚路傳》中載賈山嘗著書《至言》獻文帝，陳辭曰：

> 臣聞爲人臣者，盡忠竭愚，以直諫主，不避死亡之誅者，臣山是也。臣不敢以久遠諭，願借秦以爲諭，唯陛下少加意焉。

而張釋之則在某次應文帝召見，「既朝畢，因前言便宜事。文帝曰：『卑之，毋甚高論，令今可施行也。』於是釋之言秦漢之閒事，秦所以失而漢所以興者久之。」（〈張釋之馮唐列傳〉）雖然《史記》未記述張釋之所言秦漢閒事的內容，但推測應和賈山一樣，大抵不脫陸賈所言、經張強歸納的五個面相。

〔註 77〕〔漢〕陸賈 著；王利器 校注：《新語校注・無爲》，頁 67。
〔註 78〕〔漢〕陸賈 著；王利器 校注：《新語校注・辨惑》，頁 75～76。
〔註 79〕張強：《司馬遷學術思想探源》，頁 183。
〔註 80〕徐復觀：《兩漢思想史 卷二》，頁 98～99。

無論是陸賈、賈山還是張釋之，其提出秦亡得失的檢討批評，大都停留在給予皇帝作爲治國參考的概念原則，眞正讓皇帝能以秦爲鑑戒並落實到政策層面的要屬晁錯。

（二）晁錯「過秦」的致用價值

《漢書・爰盎晁錯傳》記載了「是時匈奴彊，數寇邊，上發兵以禦之」，而晁錯上朝進獻了三條戰略，一言兵事，一言守邊備塞，一言勸農力本。其中「守邊備塞」一文，則大多在檢討秦代軍事政策的基礎上展開，言曰：

> 臣聞秦時北攻胡貉，築塞河上，南攻楊粵，置戍卒焉。其起兵而攻胡、粵者，非以衛邊地而救民死也，貪戾而欲廣大也，故功未立而天下亂。且夫起兵而不知其勢，戰則爲人禽，屯則卒積死。夫胡貉之地，積陰之處也，木皮三寸，冰厚六尺，食肉而飲酪，其人密理，鳥獸毳毛，其性能寒。楊粵之地少陰多陽，其人疏理，鳥獸希毛，其性能暑。秦之戍卒不能其水土，戍者死於邊，輸者僨於道。秦民見行，如往棄市，因以讁發之，名曰「讁戍」。先發吏有讁及贅壻、賈人，後以嘗有市籍者，又後以大父母、父母嘗有市籍者，後入閭，取其左。發之不順，行者深怨，有背畔之心。凡民守戰至死而不降北者，以計爲之也。故戰勝守固則有拜爵之賞，攻城屠邑則得其財鹵以富家室，故能使其眾蒙矢石，赴湯火，視死如生。今秦之發卒也，有萬死之害，而亡銖兩之報，死事之後不得一算之復，天下明知禍烈及己也。陳勝行戍，至於大澤，爲天下先倡，天下從之如流水者，秦以威劫而行之之敝也。

晁錯認爲秦朝抵禦胡虜、南粵，非爲當地百姓的身家性命考量，乃是出於擴張領土的一己之私，故未成功已先惹民怨。又南北用事，環境氣候截然不同，士卒兩地轉戰，大多水土不服，死於時疾，一旦從軍，跟判死刑無甚分別。種種原因，導致民怨積累越深，叛意早萌，故陳涉登高一呼，響應者如流水之奔赴。文帝聽聞晁錯所奏，有鑑秦代軍事政策之弊端及影響，因而提出招募自願遷徙至邊境定居、協助戍衛的百姓，並附帶優渥的條件，作爲鼓勵的應對策略；〔註 81〕而「過秦」的議題，遂從抽象的施政概念的闡發，轉向實質的政策方針擬定的借鑒。

〔註 81〕 見《漢書・爰盎鼂錯傳》述曰：「上從其言，募民徙塞下。」至於「募民徙塞下」政策的具體內涵，可從鼂錯上書復言的內容進行推敲，詳見該傳所附文。

在陸賈、賈山、張釋之乃至於晁錯等人的努力下，「秦鑑不遠」遂成爲當時君臣在思考治亂之理時不可或缺的內容。〔註 82〕然而對於秦帝國之盛衰興亡、陵夷起伏探究的最全面、最詳備的仍要屬賈誼的〈過秦論〉三篇。

（三）賈誼爲「過秦」的議題總結

賈誼撰寫〈過秦論〉的事蹟，並不見於《史記》本傳的記載，但司馬遷分別在〈秦始皇本紀〉引用了下篇，〈陳涉世家〉刊載了上篇。前者旨在說明秦二世遇弒後，秦朝政權岌岌可危，而繼位的子嬰又缺乏救亡扶傾的回天之能，藉以批評「始皇自以爲功過五帝，地廣三王，而羞與之侔」，並除謚法，冀以能傳代萬世的癡想；後者則由孝公變法說起，陳涉討秦作結，闡述秦王朝以至秦帝國由盛轉衰的歷程。此兩篇，司馬遷皆全文刊錄，而不加點評，援作「太史公曰」的佐證，便可知賈誼此論的權威性。

在此之前，「過秦」的風氣大抵仍出自於知識份子在文化上的自覺，以及爲天下謀太平的深層意識中而驅動，構成漢初士子以秦喻治亂之理的價值評判體系。但迄至景帝朝中後期，戰國諸侯卿士養賢之風再起，「過秦」遂成爲游士說客干祿謀職的手段，而其批評也就越發偏頗失眞，或迎合人君心理，或炫學逞能。武帝時，嚴安、主父偃等人皆以「過秦」爲主題上書，進而謀得官職。〈平津侯主父列傳〉述曰：

> 書奏天子，天子召見三人，謂曰：「公等皆安在？何相見之晚也！」於是上乃拜主父偃、徐樂、嚴安爲郎中。數見，上疏言事，詔拜偃爲謁者，遷（樂）爲中大夫。一歲中四遷偃。

如主父偃在〈諫伐匈奴〉中曰：「夫上不觀虞夏殷周之統，而下（脩）〔循〕近世之失，此臣之所大憂，百姓之所疾苦也。」（〈平津侯主父列傳〉）偃言詞懇切，彷彿爲天下蒼生計，但事實上，他在獲得官位後，迎合武帝心理尊立衛子夫爲皇后，又蒐羅揭發燕王、齊王等諸侯王的私隱，爲武帝排除異己作打手。嚴安、徐樂等亦復如是，故班固論贊曰：「世稱公孫弘排主父，張湯陷嚴助，石顯譖捐之，察其行迹，主父求欲鼎亨而得族，嚴、賈出入禁門招權利，死皆其所也，亦何排陷之恨哉！」（《漢書・嚴朱吾丘主父徐嚴終王賈傳》）這和當初商鞅挾帝王之道說秦孝公之心機有何差別。而「過秦風氣」本身的積極正面意義，則在這些縱橫短長之士的濫用中，逐漸失去應有的效用，

〔註 82〕張強：《司馬遷學術思想探源》，頁 186。

秦朝興亡之歷史眞相也在這股挾私喻公的不良風氣中而被掩蔽，以至於司馬遷有「學者耳食」之嘆。

司馬遷既爲秦人，家族舊識亦多往昔於秦廷任官（如夏無且），又因職務方便，得紬石室金匱之書以觀，〈六國年表序〉所言之《秦記》亦必在其中。就地緣情感或著史旨趣而言，還原秦朝眞實面貌，就其得失給予最公允之批判評價，實爲最重要之事。〈六國年表序〉言曰：

> 秦取天下多暴，然世異變，成功大。傳曰「法後王」，何也？以其近己而俗變相類，議卑而易行也。學者牽於所聞，見秦在帝位日淺，不察其終始，因舉而笑之，不敢道，此與以耳食無異。悲夫！

對於當時學者或侷限於所傳聞，或視秦僅有十五年國祚便妄加輕議，種種輕率批評，看在講究實事求是的司馬遷眼裡，不得不跳出來說句公道話。他兩次援引賈誼〈過秦論〉之文，正表示其欲循此用心，詳闡秦朝始末，復其公允之歷史定位。

二、學派之爭：陰陽儒與道法家之爭

（一）漢初儒生類型及其概況

武帝以前的儒生，大抵還可分爲兩種：一種如陸賈、賈誼等兼明儒道，甚或多家之學，但思想表現仍歸之於儒，其目的在於提煉學術理論知識，以作爲現實施政或生活情境應對的參考或方法；另一種如伏生、轅固生、叔孫通等，僅以儒學經術爲業，專精一藝，或通《詩》、或通《書》、或通《易》，對餘經或其他學說不予理會，甚或採取排斥的態度。

徐復觀歸納先秦時期傳播六藝的經學者，大抵可分爲兩種類型。一種如孟子、荀子等屬於思想家型，他們受了經學典籍的基本教育，但經學典籍只在他們的思想中發生各種程度不同的作用，〔註 83〕其目的旨在援引典籍中的歷史事實作爲自己立說的證明，或補足自己的某種觀點。〔註 84〕另一種是由大小戴《禮記》，《易》十翼、《春秋》三傳等推知有一批經學家，專注於某一經的傳述、教授爲業，進行許多解釋和創發的工作。他們寄寓的思想與前者不同之處，在於他們是順著所治之經以形成他們的學術見解，其中又有廣狹

〔註 83〕徐復觀：《中國經學史的基礎》，頁 50～51。
〔註 84〕徐復觀：《中國經學史的基礎》，頁 28。

的分別，但大體秉持「注不破經」的原則，也因著這點，他們的姓名終究只能隨著他們解經的注與傳埋沒在文本字句之中，無法像孟荀一般撰文立說，再由弟子序列篇名、編輯成冊。〔註 85〕

由於秦祚短暫，漢初學術大抵仍承繼東周末季的流風餘澤。前述對漢初儒生之分類，即本乎此，前者可稱之爲經世儒，後者爲經學儒；前者屬通儒，後者屬醇儒。但亦有經世之能與經學之才兼及者，如賈誼。本論文如此分類，非謂二者截然分途對立，只是就漢初儒學大致趨勢而論。

通觀漢初至武帝，儒生於政壇之發展，經世儒因時代已走向大一統，其卓越的才識反成爲仕途的阻礙，常被帝室或重臣所忌憚排擠，只得流散歸隱而不可聞；經學儒則選擇與主張「陰陽五行」、「五德終始」的陰陽家結盟，從舊儒學另闢一新門徑，取容媚上，迎合皇帝不僅要統一政治還要統一文化的期待心理，逐漸取代經世儒及道法家爭席的龍頭地位。

（二）陰陽家於先秦之發展

近代學者之「陰陽家」研究，以梁啓超〈陰陽五行說之來歷〉一文首開其端。此後呂思勉、劉節、顧頡剛等人有系列的考辨文章收錄於《古史辨》第五冊中，此後更有徐復觀〈陰陽五行及其有關文獻的研究〉與王夢鷗〈鄒衍遺說考〉兩篇，皆在十萬字左右的學術論文，〔註 86〕進行全面性的探討，可視爲此議題截至目前爲止最詳備之作。本論文爲以下二小節論述前提之需要，僅就所見文獻，略爲說明「陰陽家」與「經學儒」合流之始末因由。

所謂「陰陽家」，源於戰國晚期以「五德終始說」聞名齊魯一代的鄒衍爲創始人。他的學說結合了「陰陽」與「五行」兩種概念，架構出一套完整的命定論式的宇宙機械觀，旨在說明如何纔可有眞命天子出來，而確定爲眞命天子的根據又爲何。〔註 87〕

顧頡剛認爲鄒衍之學是「憑藉了往舊的五行思想（即古代人把宇宙事物分類的思想），自己造出整整齊齊的一大套五行說，用之於歷史上，說明歷代的符應及其爲治之宜」，〔註 88〕其來源出自儒學重視仁義、天命的傳統

〔註 85〕徐復觀：《中國經學史的基礎》，頁 51。

〔註 86〕有關徐復觀、王夢鷗兩文的字數統計來源，參見霍晉明 著：《漢初的學術與政治——兼論當時傳統與現實的關係》，頁 28，註 45。

〔註 87〕顧頡剛：〈五德終始說下的政治與歷史〉，收入《古史辨》第五冊，頁 415。

〔註 88〕顧頡剛：〈五德終始說下的政治與歷史〉，收入《古史辨》第五冊，頁 410。

思想和齊人本身「迂大而閎辨」(〈孟子荀卿列傳〉)的地域性格。〔註 89〕

雖然其原始目的在於通過陰陽消息和怪迂不經之說，以恫嚇王室貴族淫侈而不尙德的墮落風氣，〔註 90〕並警誡當時國君「如果沒有眞命天子的根據時切不可存著干求天位的非分之想。」〔註 91〕不過各國國君顯然不在意災厄異象的預警，他關心的是要獲得何種對應於五德的符應，方能證明自己確實是受有天命的眞主。

加上不肖方士，利用他的學說以為阿諛苟容的仕進媒介，遂使得「陰陽家」之學終究只能成爲國君藉宗教迷信以愚弄百姓的政治工具，如〈封禪書〉言：

> 自齊威、宣之時，騶子之徒論著終始五德之運，及秦帝而齊人奏之，故始皇采用之。而宋毋忌、正伯僑、充尚、羨門高最後皆燕人，爲方僊道，形解銷化，依於鬼神之事。騶衍以陰陽主運顯於諸侯，而燕齊海上之方士傳其術不能通，然則怪迂阿諛苟合之徒自此興，不可勝數也。

最後，「陰陽學說」則靠著齊人的傳播與呂不韋的極力推動下，〔註 92〕促使亡滅六國的秦朝成爲首度依照五德終始說全面進行改制的大一統帝國。〈秦始皇本紀〉言曰：

> 始皇推終始五德之傳，以爲周得火德，秦代周德，從所不勝。方今水德之始，改年始，朝賀皆自十月朔。衣服旄旌節旗皆上黑。數以六爲紀，符、法冠皆六寸，而輿六尺，六尺爲步，乘六馬。更名河曰德水，以爲水德之始。剛毅戾深，事皆決於法，刻削毋仁恩和義，然後合五德之數。於是急法，久者不赦。

〈封禪書〉亦曰：

〔註 89〕顧頡剛：〈五德終始說下的政治與歷史〉，收入《古史辨》第五冊，頁 410、415。

〔註 90〕顧頡剛：〈五德終始說下的政治與歷史〉，收入《古史辨》第五冊，頁 408。

〔註 91〕顧頡剛：〈五德終始說下的政治與歷史〉，收入《古史辨》第五冊，頁 415。

〔註 92〕關於呂不韋與陰陽家之關係，如徐復觀指出「《呂氏春秋》乃是爲了秦統一天下後所用以治理天下的一部寶典。」而其編纂者，大抵以「儒、道、陰陽三家爲主幹，並且是由儒家總其成的一部著作」，又「呂不韋死後，其書仍在繼續修補之中；則呂氏門客，在秦仍繼續發揮影響；亦即儒家陰陽家，由呂不韋的招致，對秦的政治意識，亦未嘗不發生若干的作用。」參徐復觀：《兩漢思想史：卷一》，頁 126～127。

> 秦始皇既并天下而帝，或曰：「黃帝得土德，黃龍地螾見。夏得木德，青龍止於郊，草木暢茂。殷得金德，銀自山溢。周得火德，有赤烏之符。今秦變周，水德之時。昔秦文公出獵，獲黑龍，此其水德之瑞。」於是秦更命河曰「德水」，以冬十月爲年首，色上黑，度以六爲名，音上大呂，事統上法。

張強認爲：「秦建立起大一統帝國以後，也需要向世人證明他們奪取政權是合法的，然而，他們遇到了比周人更爲棘手的難題。因爲『天敬有德』的宗教說法，是不具備說服力的，正當不知所措的時候，秦人發現了鄒衍的五德終始說這一陰陽五行說理論的價值。」〔註93〕即鄒衍結合了周人的德治理論，將五行推導爲五德，進而認爲土、木、金、火、水各據一德，社會的變化和發展就是按照五行相勝的原理而終始循環的。

需要特別追問的是：爲什麼秦人無法延續「天敬有德」的原則，以說明取代周人政權的合法性。其原因有二：第一，由於秦國統一天下並非是藉著「篤仁，敬老，慈少，禮下賢者」(〈周本紀〉) 之修德，使萬民服而取得天下，他倚靠的是操弄人性的刑賞制度與純粹的武裝暴力強征六國，故就先天而言，「天敬有德」的理由是完全無法取信於人的。第二，就後天而言，秦始皇渾然不信「天敬有德」、「王道德治」之說，從他對《韓非子》〈孤憤〉、〈五蠹〉的讚賞便可得證。〈五蠹〉所言爲何，舉其論時代爲例：「是以聖人不期脩古，不法常可，論世之事，因爲之備」，〔註94〕故「古之易財，非仁也，財多也；今之爭奪，非鄙也，財寡也。輕辭天子，非高也，勢薄也；重爭土橐，非下也，權重也。」〔註95〕又總結不同時代之趨勢曰：「上古競於道德，中世逐於智謀，當今爭於氣力。」〔註96〕換言之，韓非子不相信道德乃是人積極向上提昇的自覺力量，而是尚未遇到需要競爭的環境，由於資源充沛的緣故；一旦面臨生存競爭，個人的實力厚薄才是唯一能依靠的關鍵。韓非將任何形式的作爲，都視爲競爭的手段，而「道德」亦不外於此，間接的否定了人性自覺的價值及其歷史意義。

而秦王見此歎曰：「嗟乎，寡人得見此人與之游，死不恨矣！」(〈老子韓非列傳〉) 嬴政心性之所喜所向，於此可一目了然。黃公偉便斥始皇帝爲「九

〔註93〕張強：《司馬遷學術思想探源》，頁216。
〔註94〕〔戰國〕韓非 著；〔清〕王先愼 集解：《韓非子集解・五蠹》，頁442。
〔註95〕〔戰國〕韓非 著；〔清〕王先愼 集解：《韓非子集解・五蠹》，頁444。
〔註96〕〔戰國〕韓非 著；〔清〕王先愼 集解：《韓非子集解・五蠹》，頁445。

空暴君」，「在空間上，有下無上，天理不存，在時間上，有今無古，聖王不再。上下前後皆空，韓非說之，秦皇行之，乃致法敗」，〔註 97〕對於始皇帝目空一切，只想馳騁自身不斷膨脹的獸慾的眞實面貌，描繪的淋漓盡致。

五德終始說將世間運轉容納於一命定式的宇宙機械論模型裡，無形中免去君王應擔負的道德政治責任，十分饜合秦始皇人生信念之胃口。〔註 98〕故秦朝所以不用周人「天敬有德」之觀念。

（三）五德終始說與帝王專制之結合

五德終始說一反周文將天命轉移之根據置於個人精神的道德自覺之上的理論原則，而是依據舊有的五行說，按五行物質自然之特性各自架空出一套對應的形式制度，稱之謂「五德」，朝代的興亡更替遂與君王自身的善惡無關，取消了君王權力與連帶責任的關係；換句話說，君王毋需再節制個人言行心性的修持，毫無理性邏輯可言的符應祥瑞才是君王要費心關注的目標。

隨著五德終始說的流行，秦後藉符應以象徵自己獲「德」或擁有天命加持的事例更是層出不窮，如陳涉作腹中書、夜狐鳴即是一例。又如〈封禪書〉載曰：

> 漢興，高祖之微時，嘗殺大蛇。有物曰：「蛇，白帝子也，而殺者赤帝子。」高祖初起，禱豐枌榆社。徇沛，爲沛公，則祠蚩尤，釁鼓旗。遂以十月至灞上，與諸侯平咸陽，立爲漢王。因以十月爲年首，而色上赤。

〈封禪書〉之說，或即本於《墨子・貴義》：

> 帝以甲乙殺青龍於東方；以丙丁殺赤龍於南方；以庚辛殺白龍於西方；以壬癸殺黑龍於北方。〔註 99〕

〈封禪書〉又記曰：

> 周太史儋見秦獻公曰：「秦始與周合，合而離，五百歲當復合，合十七年而霸王出焉。」櫟陽雨金，秦獻公自以爲得金瑞，故作畦畤櫟陽而祀白帝。

秦獻公爲孝公之父，即春秋末、戰國初時人，倘若〈封禪書〉記載屬實，則五百年大運說與五行之分類早已有之；秦獻公因爲領地櫟陽雨金，便認爲自

〔註 97〕 黃公偉：《法家哲學體系指歸》，頁 455。
〔註 98〕 黃公偉：《法家哲學體系指歸》，頁 455。
〔註 99〕 〔戰國〕墨子 著；吳毓江 校注：《墨子校注・貴義》，卷 12，頁 674。

己獲得金瑞的眷顧，推其心態，實與現代信仰東方命理便將自身分類於五行何屬、信仰西方占星便將自身分類於十二星座何屬的行為，如出一轍，皆希望有一個明確的性格剖析或行為指南，作為自身面對未來的憑藉。而五德終始說之所以能由上往下傳播且頗具影響之原因亦在此。劉邦殺大蛇，托名為赤帝子，又祭祀江淮一帶的傳說人物蚩尤，抹塗牲血於鼓旗刀械之上，再再地表現出他要通過色彩的符號聯想以說服民眾支持他討秦的意圖。

另外〈封禪書〉載漢高祖事蹟云：

> 二年，東擊項籍而還入關，問：「故秦時上帝祠何帝也？」對曰：「四帝，有白、青、黃、赤帝之祠。」高祖曰：「吾聞天有五帝，而有四，何也？」莫知其說。於是高祖曰：「吾知之矣，乃待我而具五也。」乃立黑帝祠，命曰北畤。有司進祠，上不親往。悉召故秦祝官，復置太祝、太宰，如其故儀禮。因令縣為公社。下詔曰：「吾甚重祠而敬祭。今上帝之祭及山川諸神當祠者，各以其時禮祠之如故。」

其以承接水德自居的意圖甚明。但這條資料，豈不與高祖托名為赤帝子、當屬火德的定位相矛盾嗎？其實這個矛盾，正巧反映了兩件事：第一，說明了五德終始說於當時傳播已廣，深入民心，凡欲謀大事者都不得不在這個議題上花費心思。第二，五德終始說雖然對於每一德所配合的形式制度規劃十分完整，但篤定誰獲得某一德的確證方式卻十分薄弱，如顧頡剛援引《國語・周語一》中云：「昔夏之興也，融降于崇山；其亡也，回祿信于聆隧。」據此說到：「祝融與回祿都是火神，而終始為夏的國運的徵兆，那麼，禹為什麼不以火德王呢？我們又記得，『湯有七年之旱』，這是古書裏最多提起的。《大雅・雲漢》云，『旱既太甚，……赫赫炎炎』，又云『旱魃為虐，如惔如焚』，旱和火太有關係了，為什麼湯不為火德呢？還有，周的赤烏固然是火德的符瑞，但《墨子・非攻下》篇不曾說嗎：『反商之周，天賜武王黃鳥之旗。』何以武王不居了土德呢？」〔註 100〕除顧氏所引之〈周語〉外，前引〈封禪書〉言秦獻公時「櫟陽雨金」事，亦可說明秦始皇不自稱為金德之故。

顧氏總結一切符應所證之某朝屬某德等等的聯繫，實「不免出自於作者的單相思」。〔註 101〕此說亦佐證第一節所提及戰國時人對於歷史文獻、歷史知

〔註 100〕顧頡剛：〈五德終始說下的政治與歷史〉，收入《古史辨》第五冊，頁 425。
〔註 101〕顧頡剛：〈五德終始說下的政治與歷史〉，收入《古史辨》第五冊，頁 425。

識的濫用，既對所用史料不尊重，其邏輯推理淪爲六經皆我註腳式的自我感覺良好，也就在所難免了。〔註 102〕

（四）儒生與陰陽方士之妥協

鄒衍本具藉災異以達諸侯貴族修德親民的善意，卻不幸淪爲不肖方士協助當權者愚弄百姓的工具。漢初企圖藉由皇帝對改制的認可，進而鞏固學術地位的儒生，即因不肖方士得時主之寵幸，在與道法家的鬥爭中而屈居下風。這些方士慣於竊取一些流行的學說概念，雜湊成理，其所爲，就近似現代部份新興宗教、教派之拼湊三教經典，用含混的方式掩飾他學說的空泛與漏洞，進而詐取錢財，其情形如出一轍。

但也因爲這些方士備受皇帝器重，儒生終究不得不與之結盟妥協。如徐文珊即言：

> 五行思想在秦漢間民間思想史上已佔有極強固的勢力，所以有些個非儒家的投機分子混入壁壘，盜取了儒家的五行義而別成一派，也著書立說；並且假託甚麼「太一」「神農」「黃帝」和杳不可考的神名；這就是上面所說《漢志》著錄專言災變的五行家：武帝決事所特別推崇的也就是這一派。這一派既有偌大勢力，儒家反被所掩，于是有洩氣的儒家爲干求祿位起見，或爲保持儒家壁壘起見，又與這些五行家合作，與他們妥協。〔註 103〕

徐氏之說，實指出漢初儒生與五行方士結合的背景事實。除此之外，徐氏又認爲「五行」之概念古已有之，「陰陽家」乃是儒家專講陰陽五行別衍而出的支派，〔註 104〕其後遂與正統儒家分分合合。故《易》中〈彖傳〉、〈象傳〉、〈文言〉中謂「終而復始」、「消息盈虛」、「及時而信」、「變化無窮」、「陰陽交泰而萬物生」等概念皆可看出與陰陽家雜揉的影子。〔註 105〕徐氏又進而提出兩

〔註 102〕其實關於秦爲金德、漢爲火德之記載，顧頡剛認爲這是後世從五行相生說轉爲五行相勝說時，僞造傳說竄亂入《史記》的記載，考證詳見氏著：〈五德終始說下的政治與歷史〉，收入《古史辨》第五冊，頁 492～500。

〔註 103〕徐文珊：〈儒家和五行的關係〉，收入《古史辨》第五冊，頁 701。

〔註 104〕徐氏引顧頡剛之說法云：「顧頡剛先生疑鄒衍是儒家，有四個理由。此論甚是，不過鄒衍是儒家的別一個派就是了。照此說來，五行和儒家的關係算撬不開了，說是儒家造成儒家的另一派也可，說五行根本就是儒家的思想也無不可，不過它成型以後則自成一家言，且另有它獨特的勢力就是了。」參見氏著：〈儒家和五行的關係〉，收入《古史辨》第五冊，頁 675。

〔註 105〕徐文珊：〈儒家和五行的關係〉，收入《古史辨》第五冊，頁 682～683。

種情況：一是儒家與五行家由於系出同門，故思想本質即接近；一是儒家與後起之五行家開始進行有意識的雜揉，〔註 106〕漢代之情形多屬於後者，如董仲舒便是結合二家學說之大成的學者。又《漢書・儒林傳》載曰：

> 孟喜字長卿，……孟卿以《禮經》多，《春秋》煩雜，乃使喜從田王孫受《易》。喜好自稱譽，得易家候陰陽災變書，詐言師田生且死時枕喜厀，獨傳喜，諸儒以此耀之。

但陰陽家與儒家對立者亦有之，如漢文帝時，與魯人公孫臣爭辯漢為土德，抑或水德的丞相張蒼，便屬陰陽家者流（案：《漢書・藝文志》載陰陽家有張蒼十六篇）。但無論儒家與陰陽家之分合如何，其共同的對手，仍舊是長期佔據漢代學術龍頭地位的道法家。

（五）儒生與道法家之爭

何謂「道法家」？就單純的學術發展而言，即是自道家演變而出之「黃老之學」與法家治術之學合流的結果。如錢穆言：「為漢初尚黃老無為，繼主申韓法律」，〔註 107〕又案曰：「既主黃老無為，則勢必因循秦舊，乃至於以法為治。而道、法合流，實出於時代環境使然，〔註 108〕並且在漢初，便已形成一股可以左右政局的主要學術勢力。如〈曹相國世家〉曰：

> 孝惠帝元年，除諸侯相國法，更以參為齊丞相。參之相齊，齊七十城。天下初定，悼惠王富於春秋。參盡召長老諸生，問所以安集百姓。如齊故（俗）諸儒以百數，言人人殊。參未知所定。聞膠西有蓋公，善治黃老言，使人厚幣請之。既見蓋公，蓋公為言治道貴清靜，而民自定，推此類具言之。參於是避正堂，舍蓋公焉。其治要用黃老術，故相齊九年，齊國安集，大稱賢相。

曹參擔任齊丞相時，盡召長老諸生，獨敬蓋公言，用黃老術相齊九年，被人稱作賢相。又如〈陳丞相世家〉贊曰，司馬遷謂陳平「少時，本好黃帝、老子之術」，於諸呂之亂中，「定宗廟，以榮名終，稱賢相」。曹、陳二人，皆以學黃老之術出身，亦同領「賢相」之名，一方面是二人智足以保身，另一方面則是大戰方弭，修生養息的社會，正需要無為而治的施政方略，方能獲得成效。

〔註 106〕徐文珊：〈儒家和五行的關係〉，收入《古史辨》第五冊，頁 681。

〔註 107〕錢穆：《國史大綱》，頁 142。

〔註 108〕錢穆認為漢初之所以「尚黃老無為」，其實是反映當時「民眾之心理要求」。錢穆：《國史大綱》，頁 142。

但具體而言，道法家雖然秉持著「清靜無為」的施政態度，實際上即是回歸於刑名法術的管制，即錢穆所言「因循秦舊」也。故漢初高惠文景四朝並非想像中行無為之術，而得「仁政」之治（〈孝文本紀〉），如程樹德曰：

> 漢初除秦苛法，及蕭何定律，其刑名仍多沿秦制，如夷三族、梟首、腰斬、棄市、宮刖劓黥、城旦鬼薪諸刑，皆本秦制也。終漢之世，代有損益，景帝改磔曰棄市。然考之王吉云敞諸傳，則磔刑未除盡除也。高后元年既云除夷三族罪矣，而孝文元年，復有盡除收帑相坐之令，宜不復再用此制。然考之晁錯李陵各傳，則皆以族誅。……文帝十三年既除肉刑矣，肅宗時又詔有司絕鑽鑽諸慘酷之科。……文帝定律當刖右趾者棄市，而明帝贖罪詔中，又死罪之下又列右趾，是刖刑未盡除也。……文帝以笞代肉刑，後世所頌為仁政者，然終漢之世，嘗欲議復肉刑，迄於晉代，此論未已。蓋笞者輒死，不敢復用，而減死罪一等，輕重無品，仲長統崔實班固陳群諸人論之詳矣。〔註109〕

據程樹德之考釋，可知文帝時，非但沒有鬆開法網，反而收束愈密；而其所重用之臣屬，如張歐、晁錯等，皆是學申商刑名受重用於文帝。故錢穆曰：

> 觀於張叔孝文時以治刑名，得侍太子。晁錯學申商刑名於軹張恢所，文帝時亦為博士。因上書言皇太子應深知術數，文帝善之，拜太子家令。術數者，《韓非・定法》篇，申不害言術。又申子曰：「聖人任法不任治，任數不任說。」術數即刑名之學也。文帝以刑名教太子，史遷謂其本好刑名，良不誣矣。〔註110〕

故司馬遷於〈高祖功臣侯者年表〉曰：「罔亦少密焉」。而武帝雖然遵行田蚡、董仲舒奏請「罷黜百家，獨尊儒術」之議，然其手下握有實權的心腹大臣，亦不乏如秦代法家之士般酷烈苛深，此見〈酷吏列傳〉傳末贊曰，名姓具載。故宣帝言：「漢家自有制度，本以霸王道雜之，奈何純（住）〔任〕德教，用周政乎！且俗儒不達時宜，好是古非今，使人眩於名實，不知所守，何足委任！」（《漢書・元帝紀》）以是知漢家帝王始終放任儒生與道法家相鬥，坐收帝王之威。

〔註109〕程樹德：《九朝律考・漢律考・刑名考》，頁44～45。
〔註110〕錢穆：《秦漢史》，頁68。

三、經濟論戰：鹽鐵專賣所衍生之政經問題

探究古代經濟活動其實較現代簡單，雖然經濟趨勢的轉變仍舊是緩慢的，但其效果與社會反應卻顯而易見，因爲經濟活動與平民生活習習相關，牽一髮而動全身；加上古時民權觀念並不普及，經濟政策全繫於統治者一己之思，故一但落實，對民間的影響與反響也就顯而易見，不似現代社會的國際、政府、法人組織各有權力，變數既多，變局便相對複雜。

秦漢的大一統變局，就政經層面而言，大抵是由武裝殖民封建走向郡縣一元專制，〔註 111〕且隨著中央集權、官僚制度的確立，引導經濟趨勢由自由開放走向統制管理。漢昭帝始元六年（前 81），「詔郡國舉賢良文學士，問以民所疾苦」（《漢書・公孫劉田王楊蔡陳鄭傳》）而引發的鹽鐵論戰，則是對武帝朝長期實施集權、高壓、統制政策的一次全面反撲。就思想而言，是王道與霸道之爭；就政治而言，是霍光與桑弘羊之爭；就經濟而言，則是自由經濟與統制經濟之爭。

其實就史實來說，從來沒有純粹的自由經濟制度或純粹的統治經濟制度，均是混合經濟，差別只在於究竟是依賴市場機能自轉的成份多，抑或政府干預經濟事務的成份多。〔註 112〕故司馬遷於〈貨殖列傳〉先引老子言作爲開宗明義說：

> 老子曰：「至治之極，鄰國相望，雞狗之聲相聞，民各甘其食，美其服，安其俗，樂其業，至老死不相往來。」必用此爲務，輓近世塗民耳目，則幾無行矣。

繼說之：

> 太史公曰：夫神農以前，吾不知已。至若《詩》、《書》所述虞夏以來，耳目欲極聲色之好，口欲窮芻豢之味，身安逸樂，而心誇矜埶能之榮使。俗之漸民久矣，雖户説以眇論，終不能化。故善者因之，其次利道之，其次教誨之，其次整齊之，最下者與之爭。

他認爲老子所提倡的理想施政方式若眞要落實於當時的社會環境，除非堵塞百姓的耳目，否則是不可能達成的。畢竟當時的生活水平與資訊傳播皆有一

〔註 111〕關於周代封建制，錢穆認爲「乃是一種侵略性的武裝移民與軍事佔領，與後世統一政府只以封建制爲一種政區與政權之分割者絕然不同。」而侯家駒從西方政治思想比附，認爲周秦政體的轉變，「等於是從社會契約說演變爲君權神授說。」參見錢穆：《國史大綱》，頁 45。侯家駒：《中國經濟史》，頁 134。

〔註 112〕侯家駒：《中國經濟史》，頁 139。

定程度的提昇及流通，政府肆意的干預不易爲百姓所接受，若強行之，必招致民怨。所以司馬遷認爲政府與市場之關係，最好的辦法是因循市場的趨勢，其次是導引市場的趨勢，再次是訓令市場的走向，再次是直接插手整齊市場環境，最糟糕的則是挾政府資源與公權力參與市場的競爭。

侯家駒稱司馬遷之經濟觀爲結合儒道思想的人生界的自然觀，是順著人性發展的動態自然觀，而非老子法乎自然以反璞歸眞、自然界爲準的的自然觀。〔註113〕

武帝朝統制經濟政策的施行，主要是在支持產業導向方面主張「重農抑商」，而鹽鐵酒等民生必需品全都收歸國營專賣，以及通過「均輸」方式調度貨幣產物，藉以「平準物價」，防止商人囤積貨物、哄抬價格，追逐暴利。

（一）秦漢「重農抑商」政策之轉變

「重農抑商」之法，可溯源至秦孝公時的商鞅。從《商君書・農戰》來看，當時的商鞅不只是抑商，而是認爲除了農之外，士、工、商皆應該禁絕。如其言：

> 凡人主之所以勸民者，官爵也；國之所以興者，農戰也。……今境內之民皆曰農戰可避而官爵可得也，是故豪傑皆可變業，務學詩、書，隨從外權，上可以得顯，下可以求官爵；要靡事商賈，爲技藝；皆可以避農戰。具備，國之危也。民以此爲教者，其國必削。〔註114〕

> 豪傑務學詩、書，隨從外權；要靡事商賈，爲技藝，皆以避農戰；民以此爲教，則粟焉得無少，而兵焉得無弱也？〔註115〕

> 夫民之不可用也，見言談游士事君之可以尊身也，商賈之可以富家也，技藝之足以餬口也。民見此三者之便且利也，則必避農，避農則民輕其居。輕其居，則必不爲上守戰也。〔註116〕

商鞅認爲游士、商人、工匠會使得百姓認爲就算不從事農耕仍可以餬口，甚至拜官致富亦非不可能之事。然而百姓一旦避事農務，國家的粟米稅收便會

〔註113〕侯家駒：《先秦儒家自由經濟思想》，頁316。
〔註114〕〔戰國〕商鞅 著；蔣禮鴻 注：《商君書錐指》，頁20～21。
〔註115〕〔戰國〕商鞅 著；蔣禮鴻 注：《商君書錐指》，頁22。
〔註116〕〔戰國〕商鞅 著；蔣禮鴻 注：《商君書錐指》，頁25。

減少，稅收減少則無法養兵，兵少則國弱；又百姓若避事農務，便不會在意他所居處的土地，不在意居住之地，便對國家不會產生向心力，沒有向心力便不會戮力爲國而戰，守護家園。

故而商鞅爲了抑制士工商的產生，一方面獎勵耕織、農事，免除他們的勞役，一方面懲處專事工商末利或因爲怠惰而貧困者，一經發現此類，則全部收捕，發配官府爲奴，此即〈商君列傳〉所言：

> 僇力本業，耕織致粟帛多者復其身。事末利及怠而貧者，舉以爲收孥。

不過，通觀秦王朝乃至於秦帝國的發展，商鞅抑制士工商三民的政略，始終無法徹底執行，因爲相對東方三晉、燕齊等文化教育程度較高的國家而言，秦朝僻居西土，仍需要招攬游士以作爲國家人才的補充來源。〔註 117〕甚至協助始皇嬴政統一天下的秦國宰相呂不韋，本身即是商賈出身。

唯一的例外是：秦始皇三十三年，爲了討伐匈奴、拓展領土的需要，始皇詔：「發諸嘗逋亡人、贅壻、賈人略取陸梁地，爲桂林、象郡、南海，以適遣戍。」(〈秦始皇本紀〉) 但這是爲了補充兵員的需要，強徵勞役，與商鞅「抑商」的本質不同。〔註 118〕

漢初由於天下已歸於一統，不再需要如商鞅一般發展極端的重農主義，以追求富國強兵；且以爲民樸易治，故催化法治主義和軍國主義來壓制競爭國。〔註 119〕是以漢初就「抑商」的出發點來說，實與商君不盡然相同。〈平準書〉述曰：

> 漢興接秦之獘，〔註 120〕丈夫從軍旅，老弱轉糧饟，作業劇而財匱，

〔註 117〕錢穆：《秦漢史》，頁 4。

〔註 118〕侯家駒認爲這是秦始皇「抑商」的表現，據雷海宗的解釋來看，確實是如此，言曰：「逋亡人是流民，贅壻都是貧困無賴的人，賈人是抑商政策下所認爲卑賤的人」。但若比對《商君書》所言「抑商」之初衷，仍有差別。商鞅是從國家發展的理論思想角度，徹底敵視士工商的存在，因此他的「抑商」政策必是計劃性的、持續性的；而始皇這次徵招賈人，只是因爲缺乏兵員，而賈人在「抑商」政策的影響下，社會地位最低，較無利用價值，派至戍邊亦無威脅性，屬於單純的個案事件，而非計劃性的撲滅，故謂兩者有別。參見侯家駒：《中國經濟史》，頁 140。雷海宗、林同濟：《文化型態史觀&中國文化與中國的兵》，頁 203～204。

〔註 119〕黃公偉：《法家哲學體系指歸》，頁 301。

〔註 120〕「獘」字，張大可於《史記新注》中，據金陵書局所刊行的張文虎校注《史記集解索隱正義合刻本》爲底本，作「弊」。然洪氏出版社出版之《史記三家注》，

自天子不能具鈞駟，而將相或乘牛車，齊民無藏蓋。於是爲秦錢重難用，更令民鑄錢，一黃金一斤，約法省禁。而不軌逐利之民，蓄積餘業以稽市物，物踊騰糶，米至石萬錢，馬一匹則百金。天下已平，高祖乃令賈人不得衣絲乘車，重租稅以困辱之。孝惠、高后時，爲天下初定，復弛商賈之律，然市井之子孫亦不得仕宦爲吏。

漢興戰火方弭，萬業蕭條、物資缺乏，然而商人竟然還囤積居奇，造成通貨膨脹的連鎖效應，故而採取抑制政策以打擊商人勢力的坐大。

直到「文帝即位，躬修儉節，思安百姓。時民近戰國，皆背本趨末。」（《漢書・食貨志上》）因爲安逸的生活，必然帶動工商業的興起。故賈誼認爲當時百姓如戰國時般，皆捨棄農耕，轉而從事工商，故上〈論積貯書〉，建議文帝「開籍田，躬耕以勸百姓」（《漢書・食貨志上》），但顯然沒有成效；至景帝時，還「令民半出田租，三十而稅一也」，並「婁敕有司以農爲務，民遂樂業。」（《漢書・食貨志上》）以至於發展到武帝朝，司馬遷描述到當時因爲官民生活富裕，遂使社會風氣走向驕奢、糜爛的腐敗景象，云：

至今上即位數歲，漢興七十餘年之閒，國家無事，非遇水旱之災，民則人給家足，都鄙廩庾皆滿，而府庫餘貨財。京師之錢累巨萬，貫朽而不可校。太倉之粟陳陳相因，充溢露積於外，至腐敗不可食。眾庶街巷有馬，阡陌之閒成羣，而乘字牝者儐而不得聚會。守閭閻者食粱肉，爲吏者長子孫，居官者以爲姓號。故人人自愛而重犯法，先行義而後絀恥辱焉。當此之時，網疏而民富，役財驕溢，或至兼并豪黨之徒，以武斷於鄉曲。宗室有土公卿大夫以下，爭于奢侈，室廬輿服僭于上，無限度。物盛而衰，固其變也。（〈平準書〉）

版本與《新注》相同，卻作「獘」；又日人瀧川資言《考證》亦作「獘」，與洪氏本相同。今查《說文解字注》曰：「獘，頓仆也。從犬敝聲。《春秋》傳曰：『與犬，犬獘。』（筆者案：《左傳・僖公四年》文）」段注云：「獘本因犬仆製字，叚借爲凡仆之稱；俗又引伸爲利弊字，遂改其字作弊，訓困也、惡也。此與改獎爲奬正同。」《說文》又曰：「斃，獘或從死。」段注云：「經書仆頓，皆作此字。如《左傳》：『斃於車中』（筆者案：〈哀公二年〉文）、『與一人俱斃』（筆者案：〈定公八年〉文）是也。今《左傳》『犬獘』亦作『犬斃』，葢許時經書『斃』多作『獘』。」是知「獘」即「斃」也、即「弊」也。是知張大可易「獘」爲「弊」，乃依文意而改，使讀者不因古字而混淆，然筆者仍從《考證》與「洪氏本」作「獘」，以存古本原貌。參見張大可：《史記新注》，卷 30，頁 865。〔日〕瀧川資言：《史記會注考證》，卷 30，頁 2，總頁 510。〔東漢〕許愼 著；〔清〕段玉裁 注：《說文解字注》，10 篇上，頁 33，總頁 480。

俗語說：「富不過三代」，究其內在情理，說的正是武帝朝之景況。由於缺乏道德教化的節度抑制，富庶的生活只會助長人欲的橫流漫衍，道德的敗壞跟社會的失序是遲早之事，加上武帝好大喜功，動輒征伐邊界、巡視四方，「貫朽而不可校」的錢財、「腐敗不可食」的積糧，轉眼間就揮霍殆盡，迫使武帝不得不推動財政改革，以填補日漸虛耗的國庫。

（二）武帝之「政經改制」及其流弊

建元五年（前 136）後，竇太后崩逝，少了節制武帝的政治力量。而武帝爲了改制更化，開始積極對外用兵，又大興土木建造宮室寢殿，以彰顯他便是完成封禪天命的眞主。《漢書・食貨志上》說：「是後，外事四夷，內興功利，役費並興，而民去本。」董仲舒曾上書勸諫武帝，但效果不彰，「仲舒死後，功費愈甚，天下虛耗，人復相食。」（《漢書・食貨志上》）計當時政府預算負擔增加之緣由，大抵可細分爲四。

一、租稅課徵成本的增加。兩周時期，由於王畿與封疆面積不大，賦稅輸送之經費尚不構成問題。然而在大一統局勢下，疆域遼闊，人民輸送財賦所花費之時間與金錢皆是負擔，遂爲擾民之因；武帝朝施行之均輸平準法，即針對此項弊病而制，但卻衍生出新的問題。

所謂「均輸」，其方法有二：其一，距離京畿較遠的地區，按當地物價最高時之零售價格計算，將人民應繳納之賦稅貨物折算成現金，再由京畿之官員利用這筆資金換購成賦稅貨物，直接繳納給中央政府，如此，則節省運輸大批賦稅貨物的經濟消耗。其二，距離京畿較近的地區，仍舊要求人民繳交賦稅貨物，但由當地人民運輸到通往京畿方向的鄰境，鄰境人民再加上本身輸納之實物，朝同一方向運送，作接力運輸。又「置平準于京師，都受天下委輸」（〈平準書〉），中央政府主管財稅之官員握有代折爲現錢的資金，又擁有充當賦稅的貨物，故能「貴即賣之，賤則買之」。（〈平準書〉）

桑弘羊奏報武帝說：「如此，富商大賈無所牟大利則反本，而萬物不得騰踊。故抑天下物，名曰『平準』。」由此便成功地建立了一個由地方到中央的統制經濟體系，〔註 121〕亦間接達到「抑商」的效果。

但最後桑弘羊奏報「均輸平準」所能達成之功效，落實於現況卻問題百生。由於折算貨物應繳納之賦稅，是以全年最高之零售價格爲準，換言之，無論百

〔註 121〕侯家駒：《中國經濟史》，頁 143。

姓生計好壞，他都必須湊出需繳納的實物賦稅，毫無彈性可言，此其一。

再者，輸納實物運至鄰境，其實是變相增加百姓的勞役，間接減少了花費同樣時間，百姓致力於其本業上，所能輸出的產值，此其二。

又平準機構設於京師，「盡籠天下之貨物」（〈平準書〉），官員倘若於物賤時派員到各地收購，賺取差額，中飽私囊，實無人可知；而官員既能賤價購物，貨物自然減少，導致物價上漲，很可能誘發商賈事先囤積貨物，不肖牟利，此其三。

故《鹽鐵論・本議》中文學言曰：

> 文學曰：「古者之賦稅於民也，因其所工，不求所拙。農人納其獲，女工效其功。今釋其所有，責其所無。百姓賤賣貨物，以便上求。間者，郡國或令民作布絮，吏恣留難，與之爲市。吏之所入，非獨齊、阿之縑，蜀、漢之布也，亦民間之所爲耳。行奸賣平，農民重苦，女工再稅，未見輸之均也。縣官猥發，闔門擅市，則萬物并收。萬物并收，則物騰躍。騰躍，則商賈侔利。自市，則吏容奸。豪吏富商積貨儲物以待其急，輕賈奸吏收賤以取貴，未見準之平也。」〔註 122〕

文中亟言「均輸平準」政策所衍生的弊端，述之綦詳。

二、軍民分途，使軍費增加。春秋時期，平民百姓並無當兵的義務，兵役是貴族的責任。雷海宗言曰：

> 春秋時代雖已有平民當兵，但兵的主體仍是士族。所以春秋時代的軍隊仍可說是貴族階級的軍隊。因爲是貴族的，所以仍爲傳統封建貴族的俠義精神所支配。封建制度所造成的貴族，男子都以當兵爲職務、爲榮譽、爲樂趣。不能當兵是莫大的羞恥。〔註 123〕

戰國時期，由於各國史記皆焚於秦火，難有確切的資料提供兵制的考查，然而秦代獎勵農耕與斬首記功並行的國家政策，可推測其爲兵農合一制。換言之，周代的諸侯國皆無獨立編列軍事預算以養兵的必要，自然財政上便減少一筆支出。加上國家交戰，多止於鄰近邊界，疆域小，戰役短，軍民往返費時無多，以致兵役負擔不重。〔註 124〕

〔註 122〕〔西漢〕桓寬 著；王貞珉 譯注：《鹽鐵論譯注》，頁 13。

〔註 123〕雷海宗：〈中國的兵〉，收入《文化型態史觀・中國文化與中國的兵》，頁 194。

〔註 124〕侯家駒：《中國經濟史》，頁 153。

然而到了大一統之後，人民往往要到邊境服役。董仲舒言秦民「月為更卒，已復為正，一歲屯戍，一歲力役，三十倍於古」（《漢書·食貨志上》），而漢武帝時，兵出多源，有禁衛軍、屯田兵、外團兵與囚徒兵，其給養均仰賴政府，與兩周兵士自給自足的情況截然不同；尤有進者，這些軍兵來自於中下階層各種身份，資質參差不齊，難以統御，一旦天下擾動，軍隊反變成混亂的助力，甚至是源頭，兵匪難分，遭難的仍是百姓。〔註 125〕

三、官僚制度之建立，無形中增加人民負擔。兩周時期，諸侯卿大夫皆有其采邑，毋需政府供養，所屬家臣，薪資亦從采邑收入支付。自大一統政府改為郡縣制後，派任當地管理之官吏皆由中央政府給薪，政府組織隨著政策改變而增減，往往疊床架屋，導致冗員增加，尾大不掉。又駐任外地的官員多非本地人，與當地民眾事先亦無交流，缺乏利害與共之情感，以致常有假公濟私、盤剝百姓的事情發生。除財政之負擔外，亦是額外的困擾。

四、皇室宗族的開銷。兩漢皇帝之諡，除開國者外，均以「孝」字為首，如孝惠、孝文、孝武等。由於天子以孝治天下，所以對於祖廟及陵寢皆極為注意。以祖廟言，漢代帝后均立廟祭祀，高帝時令諸侯王國京都皆立太上皇廟，後來，惠帝尊高帝廟為太祖廟，景帝尊文帝廟為太宗廟，行所嘗幸郡國各立太祖、太宗廟。宣帝又尊武帝廟為世宗廟，以致在元帝時，68 個郡國中，立有 167 所祖宗廟，而京師自高祖下至宣帝與太上皇、悼皇考（宣帝之父），各自於其陵旁立廟，共為 176 所。園中又各有寢便殿，日祭於寢，月祭於廟，時祭於便殿。寢：每日上食四次，廟：每年祭祀廿五次，便殿每年祭四次。此外還有若干皇太后、皇后、太子（包括宣帝祖戾太子夫婦）寢園 30 所。總計每年的祭祀，上食 24455 份，用衛士 45129 人次，祝宰樂人 12147 人次，還未包括飼養祭祀所用犧牲之卒役。〔註 126〕

另外，漢武帝採取主父偃強本弱枝之策，「令諸侯得推恩分弟子，以地侯之」（〈平津侯主父列傳〉），意味這些封王的皇子，除了嫡長子襲王位外，還可以其部份封地分封其餘兒子為侯，而這些侯之子孫還可以繼續世襲下去。其餘宗室縱然沒有封地，在仕宦上仍享有很大優勢，如楚元王之子劉富亦在封侯之列，而其孫劉德亦得待詔丞相府，後轉任為青州刺史，劉德之子劉向「年十二，以父德任為輦郎」，向子劉歆，年少即為「黃門郎」。（《漢

〔註 125〕侯家駒：《中國經濟史》，頁 154。
〔註 126〕侯家駒：《中國經濟史》，頁 155。

書・楚元王傳》）除此之外，皇帝不定時的賞賜、封誥林林總總則又是一筆支出。〔註 127〕

總此四方面的開支，漢武帝中期以後的開支與負債無疑是雪上加霜，元封元年啓用桑弘羊「爲治粟都尉，領大農，盡代僅筦天下鹽鐵」（〈平準書〉），便是旨在通過統治經濟，挽救財政危機。

然司馬遷見此措施，認爲「與民爭利」，無疑是飲鴆止渴，故撰寫〈貨殖列傳〉，意在通過古今商人的考察，反映其經濟思想。但此與《鹽鐵論》中諸文學賢良拘於儒學經典之所言截然不同，其正視商人之作用，提出物盡其用、人盡其才的功能觀，皆是《鹽鐵論》中隅於儒家之見的經生所無法理解的。加上鹽鐵論戰實際上是陰陽儒與道法家鬥爭的延伸，更是霍光藉由文學賢良攻訐桑弘羊的代理戰爭。故從《鹽鐵論》中不僅可以反映漢武之世的政經狀況及其政策後續影響，更重要的是能凸顯司馬遷經濟觀領先當時儒生的證明。

四、公羊大義：籠罩《史記》的政治哲學

漢初以前，書或無定名，其稱謂似異而實同者有之，如〈仲尼弟子列傳〉云：

> 學者多稱七十子之徒，……則論言弟子籍，出孔氏古文近是。余以弟子名姓文字悉取論語弟子問并次爲篇，疑者闕焉。

金德建認爲文中的「論言弟子籍」、「論語弟子問」，即尚無定名之《論語》一書的別稱。〔註 128〕就出處而言，兩者同出於孔壁；〔註 129〕就性質而言，乃是紀錄孔子的言語、言論，而稱《論語》，與司馬遷語曰「論言」、又或「論語」相符。〔註 130〕至於加上「弟子籍」、「弟子問」，則是爲了凸顯是書之編

〔註 127〕侯家駒：《中國經濟史》，頁 155～156。

〔註 128〕金德建：《司馬遷所見書考》，頁 205。

〔註 129〕《漢書・藝文志》載「論語古二十一篇」，自注云：「出孔子壁中」，與司馬遷謂「論言弟子籍出孔氏古文」相同。故金氏認爲兩者應爲同書之異名。

〔註 130〕金德建原文考云：「《漢書・藝文志》說：『《論語》者，孔子應答弟子時人，及弟子相與言，而接聞於夫子之語也。當時弟子各有所記，夫子既卒，門人相與輯而論纂，故謂之《論語》。』可見班固是認爲《論語》這部書的內容性質，原來是記錄孔子當時所講說的種種『言語』。『謂之《論語》這個名稱，就是從言語的這一特徵上而來的。司馬遷那時候實際上還沒有產生《論語》這個名稱，自然也就可以從它的內容是記錄孔子言語的這一特徵上，把它叫

纂者，及與孔子答問之對象，故加上「弟子籍」、「弟子問」之稱。〔註 131〕

循此現象以觀《春秋》，則是合經傳言之，尤其漢初稱《春秋》，往往包舉《公羊傳》而論。〔註 132〕見〈十二諸侯年表序〉，史遷云：

> 荀卿、孟子、公孫固、韓非之徒，各往往捃摭《春秋》之文以著書，不同勝紀。

據阮芝生所考，〔註 133〕其中《荀子・大略》有「春秋賢謬公，以爲能變也」之句，同見《春秋公羊傳・文公十二年》：「秦伯使遂來聘」條之傳云：「秦無大夫，此何以書？賢繆公也。何賢乎繆公？以爲能變也。」又《韓非子・難三》述曰：「死君（後）〔復〕生，生臣不愧，而後危貞」，〔註 134〕同見於《春秋公羊傳・僖公十年》「晉里克弒其君卓子及其大夫荀息」條之傳引荀息語曰：「使死者反生，生者不愧乎其言，則可謂信矣。」又《孟子・告子下》述曰：「無易樹子，無以妾爲妻……無曲防，無遏糴」，亦同於《春秋公羊傳・僖公三年》「秋齊侯、宋公、江人、黃人會于陽穀」條之傳引桓公語云：「無障谷，無貯粟，無易樹子，無以妾爲妻。」司馬遷謂荀卿、孟子、韓非等人，著書乃捃摭《春秋》之文，實包舉《公羊傳》而言之，上述三條可爲例矣。

謂經以包舉傳之情況，其實不單是《春秋》如此，其他經傳亦然。見呂思勉考云：

> 〈太史公自序〉引《易》「失之毫釐，繆以千里」，今其文但見《易緯》。又如《孟子・梁惠王下》篇，載孟子對齊宣王好勇之問。曰：「《詩》云：『王赫斯怒，爰整其旅，以遏徂、莒，以篤周祜，以對于天下。』此文王之勇也。文王一怒而安天下之民。《書》曰：『天降下民，作之君，作之師；惟曰其助上帝，寵之四方。有罪無罪，惟我在，天下曷敢有越厥志。』一人衡行於天下，武王恥之。此武王之勇也。而武王亦一怒而安天下之民。」「此文王之勇也」，「此武王之勇也」，句法相同；自此以上，皆當爲《詩》、《書》之辭；然「一

做《論語弟子問》，或者稱作《論言弟子籍》了』」。參氏著：《司馬遷所見書考》，頁 205。

〔註 131〕金德建：《司馬遷所見書考》，頁 205～206。

〔註 132〕阮芝生：《從公羊學論《春秋》性質》，頁 9。

〔註 133〕阮芝生：《從公羊學論《春秋》性質》，頁 9。

〔註 134〕〔戰國〕韓非 著；〔清〕王先愼 集解：《韓非子集解・難三》，頁 372。

> 人衡行於天下，武王恥之」，實爲後人平論之語。孟子所引，蓋亦《書傳》文也。舉此兩事，餘可類推。〔註 135〕

是知漢人引用經傳，初無立別分說之現象。

回到《公羊傳》而言，其傳名之確立，實自劉歆始言，見《漢書・藝文志》據《七略》云：「《公羊傳》十一卷」，自注云：「公羊子，齊人。」司馬遷雖知董仲舒學承公羊，然據前引〈十二諸侯年表序〉之語，知其亦不分別經傳而言。

此點十分重要，因司馬遷於《史記》中，時常稱引《春秋》爲其著史立說之張本。但我們如何能夠確知史遷云《春秋》，非指《左傳》、《穀梁》呢？此可分成兩點而論。

第一，《左傳》和《公羊》、《穀梁》的性質不同；第二，《穀梁》在義理上，不如《公羊》之凸出、精善。下引皮錫瑞概括三傳之分別，再行討論。見云：

> 《春秋》有大義，有微言。大義在誅亂臣賊子，微言在爲後王立法。惟《公羊》兼傳大義微言；《穀梁》不傳微言，但傳大義；《左氏》並不傳義，特以記事詳贍，有可以證《春秋》之義者。故三傳並行不廢。〔註 136〕

據皮氏所言，知《左氏》之重點在史，而《公》、《穀》之重點在義，如宋豔萍所言：「《左傳》以闡述《春秋》歷史史實爲主，是一部史學巨著；而《公羊傳》、《穀梁傳》則重『義理』，是兩部政治哲理書。」〔註 137〕且普遍探討《左傳》、《公羊》對於史遷之影響者，亦以爲「記事多取《左氏》，而發揮經義則仍本《公羊》」。〔註 138〕其實，太史公著史，多取《左傳》，班固早已有言曰：「司馬遷據《左氏》、《國語》，采《世本》、《戰國策》，述《楚漢春秋》，接其後事，訖於天漢。」（《漢書・司馬遷傳贊》）此事殆無疑議。至於「發揮經義」，何以不取《穀梁》，專取《公羊》，從〈儒林列傳〉或可推知一二。見云：

> 胡毋生，齊人也。孝景時爲博士，以老歸教授。齊之言《春秋》者多受胡毋生，公孫弘亦頗受焉。瑕丘江生爲《穀梁春秋》。自公孫弘得用，嘗集比其義，卒用董仲舒。

〔註 135〕呂思勉：《經子解題》，頁 8～9。

〔註 136〕〔清〕皮錫瑞：《經學通論・春秋》，頁 19。

〔註 137〕宋豔萍：《公羊學與漢代社會》，頁 6。

〔註 138〕阮芝生：《從公羊學論《春秋》性質》，頁 27。

司馬遷謂齊人胡毋生以教授《春秋》聞名，齊地治《春秋》者，多出自胡毋生門下，公孫弘亦受其相當大的影響。同時又有瑕丘人江生，治《穀梁春秋》。自公孫弘得到重用後，嘗比較《公》、《穀》之義理，最後仍是採用董仲舒的說法。董仲舒所傳者何也？公羊學也。

司馬遷嘗自道其著書之旨，乃是：「略以拾遺補藝，成一家之言，厥協六經異傳，整齊百家雜語。」(〈太史公自序〉) 陳桐生則循此發揮道：「在六經異傳當中，以《春秋》對《史記》的影響最爲深刻；在《春秋》三傳當中，以《春秋公羊傳》對《史記》影響最爲深刻；在治《公羊春秋》的公孫弘、胡毋生，董仲舒幾家之中，以董仲舒的公羊學對《史記》的影響最爲深刻。」〔註 139〕關於董仲舒對司馬遷之影響，以〈太史公自序〉中與壺遂第一次對答所言，幾可一一自《春秋繁露》諸篇中尋得對應之語句。

如史遷引孔子語。云：「我欲載之空言，不如見之於行事之深切著名也。」此語見《春秋繁露・俞序》曰：「孔子曰：『吾因其行事而加乎王心焉。』以爲見之空言，不如行事博深切明。」〔註 140〕又〈重政〉篇云：「《春秋》明得失，差貴賤，本之天。王之所失天下者，使諸侯得以大亂之，說而後引而反之。故曰博而明，深而切矣」。〔註 141〕又如司馬遷云：「夫《春秋》，上明三王之道，下辨人事之紀，別嫌疑，明是非，定猶豫，善善惡惡，賢賢賤不肖，存亡國，繼絕世，補敝起廢，王道之大者也。」此義同見《春秋繁露・楚莊王》云：「吾以知其近近而遠遠，親親而疏疏也。亦知其貴貴而賤賤，重重而輕輕也。有知其厚厚而薄薄，善善而惡惡也。……此其別內外，差賢不肖而等尊卑也。」〔註 142〕又〈王道〉篇曰：「孔子明得失，差貴賤，反王道之本。」〔註 143〕又〈盟會要〉篇云：「立義以明尊卑之分，強幹弱枝以明大小之職；別嫌疑之行，以明正世之義；采摭託意，以矯失禮。善無小而不舉，惡無小而不去，以純其美。別賢不肖以明其尊。親近以來遠，因其國而容天下，名倫等物不失其理，公心以是非，賞善誅惡而王澤洽，始於除患，正一而萬物備。」〔註 144〕關於司馬遷所言，應出

〔註 139〕陳桐生：《儒家經傳文化與史記》，頁 43。
〔註 140〕〔清〕蘇輿：《春秋繁露義證・俞序》，頁 159。
〔註 141〕〔清〕蘇輿：《春秋繁露義證・重政》，頁 150。
〔註 142〕〔清〕蘇輿：《春秋繁露義證・楚莊王》，頁 11～13。
〔註 143〕〔清〕蘇輿：《春秋繁露義證・王道》，頁 109。
〔註 144〕〔清〕蘇輿：《春秋繁露義證・盟會要》，頁 141～142。

於《春秋繁露》者，尚有許多實例，詳見陳桐生之考文。〔註 145〕

除了文句的化用之外，公羊學作爲一個闡述微言大義的政治哲學派別，當中一些核心的思想概念，亦爲史公所吸收。如董仲舒有「王者以制，一商一夏，一質一文」之語，謂之爲「質文說」。〔註 146〕又云：「主天法商而王，其道佚陽，親親而多仁樸；……主地法夏而王，其道進陰，尊尊而多義節，……。」〔註 147〕董仲舒以商爲質，以夏爲文。質出於主天，因天自然質樸，故商人之性格亦「親親而多仁樸」，其制度、習俗自然帶有此特點。而文出於主地，地生萬物，名物繁多，其性格則「尊尊而多義節」，其制度、習俗則展現出多禮文的特色。然此說又與董仲舒自身在〈天人三策〉中所言有別。見曰：

> 三王之道所祖不同，非其相反，將以捄溢扶衰，所遭之變然也。故王者有改制之名，亡變道之實。然夏上忠，殷上敬，周上文者，所繼之捄，當用此也。孔子曰：「殷因於夏禮，所損益可知也；周因於殷禮，所損益可知也；其或繼周者，雖百世可知也。」此言百王之用，以此三者矣。(《漢書・董仲舒傳》)

董生於此，從〈三代改制質文〉中的「商質夏文」，一變而爲「夏忠、殷敬、周文」了。而司馬遷則取後一義，見〈高祖本紀贊〉云：

> 太史公曰：夏之政忠。忠之敝，小人以野，故殷人承之以敬。敬之敝，小人以鬼，故周人承之以文。文之敝，小人以僿，故救僿莫若以忠。三王之道若循環，終而復始。周秦之間，可謂文敝矣。秦政不改，反酷刑法，豈不繆乎？故漢興，承敝易變，使人不倦，得天統矣。

司馬遷以周爲文，並認爲欲救文之敝，莫若以夏政之忠，實則將夏以質視之。竊以爲史遷於此捨棄了董仲舒「商質周文」的說法，另取「夏忠、殷敬、周文」之說，乃是因爲有孔子損益因革之概念作爲支持。由此亦可見得，司馬遷雖受董仲舒之影響，大量地吸收、採用董生之說法，但其審度、析辨的標準，仍是以孔子爲依歸。

〔註 145〕陳桐生：《儒家經傳文化與史記》，頁 42～51。

〔註 146〕〔清〕蘇輿：《春秋繁露義證・三代改制質文》，頁 204。

〔註 147〕〔清〕蘇輿：《春秋繁露義證・三代改制質文》，頁 205、208。

司馬遷雖採用董仲舒公羊學之概念，卻非必全然接受其思想，茲可再舉一證。見《春秋公羊傳・隱公元年》「公子益師卒」條之傳云：「何以不日，遠也。所見異辭，所聞異辭，所傳文異辭。」此爲公羊學相當重要「張三世」之說，其爲後世公羊學家其政治史觀的理論來源，《春秋繁露・楚莊王》中，即有相當完整的發揮。述云：

> 春秋分十二世以爲三等：有見、有聞、有傳聞。有見三世，有聞四世，有傳聞五世。故哀、定、昭，君子之所見也，襄、成、文、宣，君子之所聞也，僖、閔、莊、桓、隱，君子之所傳聞也。所見六十一年，所聞八十五年，所傳聞九十六年。於所見，微其辭，於所聞，痛其禍，於傳聞，殺其恩，與情俱也。〔註148〕

董仲舒針對「所見、所聞、所傳聞」三者，分層遞述，闡論完整。但史遷幾乎不取此說，他用一種最質實的方式來詮釋「張三世」，見〈匈奴列傳贊〉云：「孔氏著春秋，隱桓之間則章，至定哀之際則微，爲其切當世之文而罔褒，忌諱之辭也。」司馬遷於〈匈奴列傳〉引此語，實是借題發揮，有感而發，然其回歸於《春秋公羊傳》中的本意，即「遠也」。此爲史遷不用董生義，又一例。

另外，有些源於公羊學之思想概念，於《史記》雖未見明顯的引述，但仍可從一些蛛絲馬跡中，推得而知。如公羊學中的「尊王」思想，公羊認爲「王者無外」，意即天下盡爲天子所有，無處無物都不例外，這是尊王一統的重要表現。〔註149〕竊以爲司馬遷在《史記》一百三十篇的次序安排上，皆有其義。而「世家」三十篇，於春秋時代受封者，僅鄭、越兩家。然受封之鄭桓公爲周宣王庶弟，應屬周王室親族；而越王句踐，史遷雖譽之「禹之遺烈」，在當時實爲蠻夷。但就世家的序列上，越在鄭前，不符史遷編次按「時序、宗族、勳功」之標準。我認爲即是因爲周天子式微遇難之時，鄭國僅想逃離王都、顧全自身利益；而越國卻是在擊敗吳、楚，稱霸之後，屢屢有借勢擁護周室之舉動。故司馬遷以越在鄭上，此爲其「尊王思想」之表現一例也，詳見本文第伍章「論世家」一節之闡述。

總括而言，公羊學之大盛，起與董仲舒完備其義理思想。而司馬遷身處於當時之環境中，很難不受其影響。但若細查《史記》文本，則可推知史遷

〔註148〕〔清〕蘇輿：《春秋繁露義證・楚莊王》，頁9～10。

〔註149〕宋艷萍：《公羊學與漢代社會》，頁14。

並非全盤接受董生架構而出的系統，凡遇到癥結處，史遷寧推回《公羊傳》的文本本身，甚至推至探究孔子之本意，並以所得之理解爲依歸。

第三節　司馬父子的生命體驗與理想傳承

前兩節，分別從周文精神的演變與秦漢間重大的政經議題，以討論司馬遷撰述《史記》的背景及可能產生的影響，這一節將直接切入司馬遷個人的生活經歷及其所背負的家族信念。

美國心理學家普汶（Pervin）認爲：人格的形塑大抵可以分爲遺傳、文化、社會階層與家庭四種因素。〔註150〕本章於第一節中已爬梳了周公如何在面臨殷周文化接替的政治議題上，通過人文意識的自覺與歷史知識的指引，確立「周文精神」和「王道史觀」，成爲後世理想政治的藍本。

春秋時期的孔子，致力於從法治向上提昇爲德治，轉移霸政爲王政的努力，皆是以恢復「周文」爲目標。爾後孟子乃至於整個儒家學派，均無不致力於對孔子垂統制藝的素王形象塑造，司馬父子念茲在茲「五百歲」大運的承接，其內在思路，無不從「周文」這一文化目標而來。本節則不再論及「文化」因素的影響，將重點放在傳承、家庭與社會階層三方面。

以下再分成三個子題：一、「世典周史」。主要通過司馬談的臨終遺言，推論其對司馬氏一族必須恢復史官職位的堅持究竟爲何？而司馬遷誓死完成父親遺志，除了履行孝道之外，是否尚有其他因素？二、「孰令聽之」。試圖勾勒出司馬遷與人往來的社交輪廓，藉此釐清史遷在人際關係的疏離中，是否更加強化其撰述《史記》的意志。三、「發憤著書」。與「孰令聽之」其實爲兩個連貫的議題，旨在說明司馬遷備嘗世態炎涼的人情淡薄，加上宮刑所帶來的自卑自賤的恥辱心結，如何將外在的困境與內心之糾結昇華爲著述的力量，通過《太史公》書的完成，將他的生命寄託於未來的精神想望。

一、世典周史：復興史官世家的自期與壓力

顧頡剛於1963年撰〈司馬談作史〉一文，從《史記》斷限之矛盾、口述史料來源之推測，及班彪班固父子相續論作以完成《漢書》對照等角度切入，認爲：

〔註150〕〔美〕普汶（Lawrence A.Pervin）著；鄭慧玲 譯：《人格心理學》，頁1～56。

> 夫遷之作史始於改曆，七年而遭李陵之禍，越四年〈報任安書〉時已云「凡百三十篇」，以如此究天人、通古今之空前著作，在當時物質條件限制之下，又爲私史，纂於公餘，十年即成，無乃太速？知其父作之於先，遷特增損其成稿，並補入元封以後事，即可曉其易於畢工之故。〔註 151〕

此後李長之、賴長揚、趙生群、張大可等學人，陸續針對此題撰文，以進行更深入的探討。〔註 152〕其實關於司馬談作史一事，唐人已有提及，如司馬貞〈史記索隱序〉云：

> 《史記》者，漢太史司馬遷父子之所述也。

劉知幾於《史通》亦曰：

> 孝武之世，太史公司馬談欲錯綜古今，勒成一史，其意未就而卒。子遷乃述父遺志，采《左傳》、《國語》、刪《世本》、《戰國策》，據楚、漢列國時事，上自黃帝，下迄麟止，作十二本紀、十表、八書、三十世家、七十列傳、凡百三十篇，都謂之《史記》。〔註 153〕

又《隋書・經籍志二》載曰：

> 至漢武帝時，始置太史公，命司馬談爲之，以掌其職。時天下計書，皆先上太史，副上丞相，遺文古事，靡不畢臻。談乃據《左氏》、《國語》、《世本》、《戰國策》、《楚漢春秋》，接其後事，成一家之言。談卒，其子遷又爲太史令，嗣成其志。上自黃帝，訖于炎漢，合十二本紀、十表、八書、三十世家、七十列傳，謂之《史記》。

但若細察唐人所言，實則依循前人見解（如「采《左傳》、《國語》」云云取自《漢書・司馬遷傳》贊語；《隋書》之言截自〈太史公自序〉中《正義》引如淳言）拼湊而來，對於司馬談是否作史一事，並無具體考述。

〔註 151〕顧頡剛：〈司馬談作史〉（1963），收入施丁、廉敏 編：《史記研究（下）》，頁 453。

〔註 152〕參李長之：《司馬遷之人格與風格・第六章・第二節》。賴長揚：〈司馬談作史補證〉，載於《史學史研究》，1981 年第 1 期。趙生群：〈司馬談作史考〉與〈論司馬談創史記五體〉，分別刊於《南京師大學報（社會科學版）》1982 年、1984 年，第 2 期。張大可：〈司馬談作史考論述評〉，收於氏著：《史記研究》。

〔註 153〕〔唐〕劉知幾 著、〔清〕浦起龍 通釋、呂思勉 評：《史通・古今正史》，頁 240。

直到清人方苞撰〈書史記十表後〉、〈又書太史公自序後〉兩文，關於「司馬談作史」一事，方有較實際之考論，但結論仍失於武斷；〔註 154〕而梁玉繩《史記志疑》、崔適《史記探源》乃至於王國維撰〈太史公行年考〉則置疑而不加論斷。至於李、賴、趙等現代學人，各據持論立場以斷司馬談所作篇章爲何；綜合數文所斷言何篇爲司馬談所著，計其篇目共有 37 篇之多，約佔《史記》全書四分之一。張大可述云：「區別司馬談、司馬遷作史篇目，對於研究司馬遷思想關係極大。假如上述 37 篇爲司馬談所作考論成立，則學術界已往研究司馬遷的成果大部分將要重寫」，〔註 155〕所言甚是。

詳考李長之等人之持論實相互矛盾，張大可之〈述評〉已針對各篇內容進行考駁，此不贅述；而其結語亦可爲此一公案拍板定讞，言曰：

> 我們應該承認司馬談有整篇的述史，其成果或許不止 37 篇。問題是司馬談的成果司馬遷重新作了剪裁鎔鑄。這是一個問題的兩個方面。如果只看到司馬談作史，而看不到司馬遷的重新鎔鑄，則將是片面的考證，必將是牽強附會而走向死胡同。……今本《史記》中雖無司馬談整篇的作史，但留下司馬談作史痕跡是沒有疑義的。顧先生等人的考論，提供了司馬談作史痕跡的史影比唐人論述具體，對於研究《史記》成書有重大意義。在史學史的敘述上應有司馬談的一席地位。〔註 156〕

雖然就目前的史料而言，尙不足以論定《史記》全書之篇章何者出於司馬談之手，但仍無礙於就《史記》文本本身去討論其思想觀點。而《史記》成書爲「司馬談發凡起例，司馬遷發憤續成」，是「父子兩代人歷時四十年的心血結晶」這一論斷，大抵已成爲學界的基本共識。〔註 157〕不過要想更加全面的詮釋《史記》之價值內涵，對於司馬談的探究仍是絕對不可或缺之關鍵。

〔註 154〕如方苞於〈書史記十表後〉曰：「遷序十表，惟〈十二諸侯〉、〈六國〉、〈秦楚之際〉、〈會景間侯者〉稱『太史公讀』，謂其父所欲論著也。故於〈高祖功臣〉稱『余讀』以別之。」又〈又書太史公自序後〉曰：「『自黃帝始』以上，通論其大體，猶《詩》之有〈大序〉也；百三十篇各繫數言，猶《詩》之有〈小序〉也；〈本紀〉十二曰『著』者，其父所科條也；餘書曰『作』者，己所論載也；總之曰『爲太史公書序』者，明是書乃其父之書，而己不敢專也。」參〔清〕方苞：《方苞集》，頁 48、61。

〔註 155〕張大可：〈司馬談作史考論述評〉，收入《史記研究》，頁 76。

〔註 156〕張大可：〈司馬談作史考論述評〉，收入《史記研究》，頁 83～84。

〔註 157〕張大可：《司馬遷評傳》，頁 491。

司馬談之生年仍無可考，但逝世於漢武帝元封元年（前110）則無疑。至其行跡與交游，史料中並無完整的記載，只能從《史記》零星的描述得知。

〈太史公自序〉云：「太史公仕於建元元封之間。」裴駰引臣瓚云：「〈百官表〉無太史公。〈茂陵中書〉司馬談以太史丞爲太史令。」《漢書・百官公卿表》記太史爲太常屬官，設令、丞兩人，「博士及諸陵縣皆屬焉」。建元元年，漢武帝詔「舉賢良方正」；建元二年，於槐里縣茂鄉作壽陵，即茂陵。

由是，張大可繫司馬談仕官於建元元年，藉舉賢良對策之機，出仕爲太史丞；建元二年，贊事茂陵之修築，行勘定陵址，預卜吉凶等太史職分；又元鼎四年、五年，同祀官寬舒等隨武帝行幸雍，祠五畤，遂踰隴，登空同，並論議祀后土、立泰畤等典禮事宜；於元封元年，因未得隨武帝登封泰山而殞命。然由參事權限推之，升爲太史令應在同寬舒議事之前，張大可言：「司馬談建陵有功，由太史丞升任爲太史令，在建元三年到六年之間」，〔註158〕未見其論據爲何。

又《史記》自言其書之斷限有二：一曰：「於是卒述陶唐以來，至于麟止，自黃帝始。」一曰：「余述歷黃帝以來至太初而訖，百三十篇。」崔適則疑後者爲他人竄亂，〔註159〕顧頡剛疑「至于麟止」爲司馬談之著史計畫，言曰：「頗疑談爲太史令時，最可紀念之事莫大於獲麟，故迄麟止者談之書也；及元封而後，遷繼史職，則最可紀念之事莫大於改曆，顧迄太初者遷之書也。」〔註160〕張大可承顧說，論證已詳，見〈史記斷限考略〉一文，此不另述。〔註161〕由此可得《史記》爲司馬父子相繼續纂之確切前提。

至於談之交游，除上述與寬舒有公事之往來外，據王國維言：「公孫季功、董生（非仲舒）曾與秦夏無且游。考荊軻刺秦王之歲，下距史公之生，凡八十有三年，二人未必能及見史公道荊軻事。又樊它廣及平原君子輩行亦遠在史公前。然則此三傳所紀，史公或追紀父談語也。」〔註162〕可知樊噲之

〔註158〕張大可：〈司馬遷創作繫年（附司馬談）〉，收入《司馬遷評傳》，頁493。

〔註159〕崔適於「於是卒述陶唐以來，至於麟止」條，案曰：「此則其稿創始於太初元年，告成於天漢三年，而其述止於元狩元年冬十月耳。三者序次極爲分明。後人誤以其起草之年爲述事之年，遂造『太初而迄』之說，以張續貂之本。」參崔適：《史記探源》，頁227。

〔註160〕顧頡剛：〈司馬談作史〉（1963），收入施丁、廉敏 編：《史記研究（下）》，頁452。

〔註161〕張大可：〈史記斷限考略〉，收入《史記研究》，頁150～173。

〔註162〕王國維：〈太史公行年考〉，收入《觀堂集林》，頁509。

孫、朱建之子皆與談相善。又〈太史公自序〉載：「太史公學天官於唐都，受易於楊何，習道論於黃子。」則其師承亦可明矣。

又〈太史公自序〉云：「愍學者之不達其意而師悖，乃論六家之要指。」班彪據以責史遷：「其論學術，則崇黃老而薄《五經》。」子固本父說繼云：「論大道則先黃老而後《六經》。」〈論六家要旨〉本為司馬談所撰文，論理不該累及史遷，然〈太史公自序〉既為史遷手訂，不予刪移，則表認同之情，當同受論議。王叔岷先生撰〈班固論司馬遷是非頗謬於聖人辯〉一文，條列《史記》三家注對此之解說，及秦觀、晁公武、梁玉繩等人之辯駁，輔以自身之觀點，總結云：「遷雖崇黃、老，而亦論老子之理想不合時宜，實不泥於黃、老。遷考信於六經，而不專取六經，然亦非薄六經。則不得謂遷『論大道，則先黃、老而後六經』矣。」〔註 163〕源源本末，立論有據。然學者多以司馬談崇道、司馬遷尊儒，此則可深究。以下分兩點略述之。

第一，就撰述動機而論。史遷雖未載明〈論六家要旨〉撰於何時，然學者為闡述之便，紛紛推理假設以繫年，其說有三：一說繫於元朔五年（前 124）；一說繫於建元二年（前 139）；一說繫於元狩元年（前 122）。鄭鶴聲《司馬遷年譜》持元朔說，謂曰：「案《漢書・武帝紀》元朔五年丞相公孫宏（筆者案：弘）請立博士弟子員，故談發此論歟？」又「所謂愍學者之不達其意而師悖者，言好儒而輕道也，故於道儒兩者，辨之尤切。」〔註 164〕張大可駁之，謂當時時空環境已不如春秋戰國之容許百家爭鳴、各立學說。倘司馬談撰文旨在與公孫弘請立五經博士事相為難，必不受傾儒之武帝重用也。〔註 165〕筆者以為，姑不論鄭鶴聲推測之旨是否為眞，〈論六家要旨〉分述六家得失，全然非鄭氏所言，僅欲分明「道儒兩者」也。吉春《司馬遷年譜新編》則持建元說，認為司馬談是眼見儒家在竇太后的主導下，再次於道儒鬥爭中落敗，故撰文以迎合竇太后心意。〔註 166〕吉春立論難成定說的原因同於鄭鶴聲之說：倘若其事為眞，其後必不見容於武帝也。

張大可則持元狩說，然此假設是建立在另一個假設之上，即元狩元年是司馬談發凡起例的述史計畫之始，張大可言曰：

〔註 163〕王叔岷先生：〈班固論司馬遷是非頗謬於聖人辯〉，收入氏著《史記斠證》，頁 3533。

〔註 164〕鄭鶴聲：《司馬遷年譜》，頁 44。

〔註 165〕張大可：《司馬遷評傳》，頁 86～87。

〔註 166〕吉春之「迎合」說，轉引自張大可：《司馬遷評傳》，頁 87。

> 司馬談發凡起例的述史計畫是上起陶唐，下迄獲麟。獲麟即元狩元年。這一斷限說明司馬談著手述史在元狩初。他的〈論六家要旨〉，就是述史的宗旨和宣言，當作於述史之始。〔註 167〕

然元狩元年（前 122）距離司馬談逝世之元封元年（前 110）尚有十年之久，如何確定該文必於該年即作，就算執定「至於麟止」而論，也有六年之數，同樣不可據論。再者，言此篇爲司馬談述史之宣言者，想必內容所述思想必能貫串《史記》全書或明顯彰顯，但張大可亦未詳述內文與《史記》之關係，以及何處有發明史意、史法之處，何以即能斷定此文爲《史記》著述之宗旨呢？〈論六家要旨〉之撰作確切年代既不可考，本文惟有闕疑，僅就〈要旨〉文本發揮，聊述己見，兼明其文本思想。

〈太史公自序〉述司馬談作〈論六家要旨〉之文，乃接續於「太史公學天官於唐都，學易於楊何，習道論於黃子」之後；並論載述其文之由在於「太史公仕於建元元封之間，愍學者之不達其意而師悖」。此一「其」字當作何解？若指各家學者之所學，則可解釋爲：「擔心各家學者無法掌握其本身所學之精要，導致受所學限制，師心自用」，故作〈論六家要旨〉來點破他們。若「其」字指司馬談所學（即「學天官於唐都」云云），則可理解爲「擔心各家學者無法掌握太史公的學術態度而惑於所聞見（即受學於唐都、楊何、黃子等人）」，故作〈論六家要旨〉以表明自己對陰陽儒墨法名道六家的理解與看法。

本文如從後說，司馬遷將〈論六家要旨〉置於闡明司馬談師承之後方得其理；若從前說，則司馬談之師承與〈論六家要旨〉應分作兩段來看，關係反倒不明顯。司馬談學自唐都、楊何、黃子，尤其黃子曾與轅固生爭論湯武受命事於景帝駕前，道家色彩濃厚，時值司馬談任官於武帝朝，儒風正盛，加上人言可畏，司馬談不得不撰文預先自清。又詳究〈要旨〉內文，實言六家治術，而非學術，旨在闡明各家工夫得失所在，非就理論較其優劣高低。本文雖不從張大可繫年之說，但其論斷〈要旨〉精神仍屬公允，言曰：

> 〈論六家要旨〉所論的「道」，「其爲術也，因陰陽之大順，采儒墨之善，撮名法之要」，這樣的「道」，尚賢、尚法、尚刑名，不非毀仁義，不排斥儒學，既非先秦老莊，亦非漢初黃老。〈要旨〉開宗明義，「夫陰陽、儒、墨、名、法、道，此務爲治者也。」可見，司馬

〔註 167〕張大可：《司馬遷評傳》，頁 87。

> 談是以贊「道」爲名，論「治」爲實，融會貫通百家學説以自成其「一家之言」的。〔註 168〕

司馬談絕命遺言，念茲在茲者非周即孔，其汲汲以復興「周文」爲己任，何「崇道」之有？司馬遷於〈汲鄭列傳〉中，述汲黯則言：「黯學黃老之言，治官理民，好清靜，擇丞史而任之。其治，責大指而已，不苛小。……歲餘，東海大治。」言公孫弘、張湯則云：「上方向儒術，尊公孫弘。及事益多，吏民巧弄。上分別文法，湯等數奏決讞以幸。而黯常毀儒，面觸弘等徒懷詐飾智以阿人主取容，而刀筆吏專深文巧詆，陷人於罪，使不得反其眞，以勝爲功。」又於〈游俠列傳〉讚朱家、郭解，貶季次、原憲，是亦非拘守俗見之「尊儒」。故張大可所言甚是：

> 司馬談、司馬遷父子兩人思想存在著差異。司馬談崇道，司馬遷尊儒，這只不過是他們的個別思想傾向罷了，而並非兩個思想體系的對立。因爲司馬談並不是純道學者，司馬遷也不是純儒學者，兩人志趣，是自成一家。〔註 169〕

社會上，學術相軋鬥爭之紛擾，已難入司馬父子之耳目，他們奉爲圭臬的對象只有一人，即是孔子；效法孔子垂統制藝、復興周道以傳名不朽於後世方是他們唯一關切的理想與議題，強要爲其分類所屬之家派，或許只能謂之「史家」了。

司馬父子欲效法孔子作《春秋》之意，〈太史公自序〉表之已明，但更重要的是，藉由效法孔子作《春秋》的過程及成果，以振興中衰的史官世業。

太史公取《國語・楚語下・昭王問於觀射父》追述司馬氏先祖世系曰：「昔在顓頊，命南正重以司天，北正黎以司地。唐虞之際，紹重黎之後，使復典之，至于夏商，故重黎氏世序天地。其在周，程伯休甫其後也。當周宣王時，失其守而爲司馬氏。」究竟重氏、黎氏確切之職掌爲何？觀射父云：

> 古者民神不雜。民之精爽不攜貳者，而又能齊肅衷正，其智能上下比義，其聖能光遠宣朗，其明能光照之，其聰能聽徹之，如是則明神降之，在男曰覡，在女曰巫。是使制神之處位次主，而爲之牲器時服，而後使先聖之後之有光烈，而能知山川之號、高祖之主、宗廟之事、昭穆之世、齊敬之勤、禮節之宜、威儀之則、容貌之崇、

〔註 168〕張大可：《司馬遷評傳》，頁 89。
〔註 169〕張大可：《司馬遷評傳》，頁 89。

> 忠信之質、禋絜之服，而敬恭明神者，以爲之祝。使名姓之後，能知四時之生、犧牲之物、玉帛之類、采服之宜、彝器之量、次主之度、屏攝之位、壇場之所、上下之神祇、氏姓之所出，而心率舊典者爲之宗。於是乎有天地神民類物之官，是謂五官，各司其序，不相亂也。民是以能有忠信，神是以能有明德，民神異業，敬而不瀆，故神降之嘉生，民以物享，禍災不至，求用不匱。〔註170〕

意謂古時得能擔任扶乩降神者並無特別的條件限制，只要精神純粹無委靡之色，始終抱持著對神明的敬意，心地純正善良，他的智慧得能分別天文與地理各神祇之職掌，他的識見高遠廣大，行爲得光照別人，聽取意見能徹底無礙，如此，神明便能降世於其身上，男性的降神者我們稱作覡，女性則稱作巫。

至於他們服務的對象有三，一爲制神之處，一爲先聖之後，一爲名姓之後，解答的問題各有分別。由此而形成五官，從巫覡的工作，再明確的劃分出各自應當負責之範疇。從此之後，百姓與神明各盡其責，相輔又不相擾。而重氏、黎氏則爲五官之二，《左傳．昭公二十九年》載蔡墨答魏獻子言曰：

> 夫物，物有其官，官脩其方，朝夕思之。一日失職，則死及之。失官不食。官宿其業，其物乃至。若泯棄之，物乃坻伏，鬱湮不育。故有五行之官，是謂五官，實列受氏姓，封爲上公，祀爲貴神。社稷五祀，是尊是奉。木正曰句芒，火正曰祝融，金正曰蓐收，水正曰玄冥，土正曰后土。〔註171〕

又曰：

> 少皞氏有四叔，曰重、曰該、曰脩、曰熙，實能金、木及水。使重爲句芒，該爲蓐收，修及熙爲玄冥，世不失職，遂濟窮桑，此其三祀也。顓頊氏有子曰犂，爲祝融；共工氏有子曰句龍，爲后土，此其二祀也。〔註172〕

犂即黎也，任火正之司馬氏始祖也。觀射父又云：

〔註170〕題〔周〕左丘明 著；徐元誥 集解；王樹民、沈長雲 點校：《國語集解》，頁512～514。

〔註171〕題〔周〕左丘明 著；楊伯峻 注：《春秋左氏傳》，頁1502。

〔註172〕題〔周〕左丘明 著；楊伯峻 注：《春秋左氏傳》，頁1503。

及少皞之衰也，九黎亂德，民神雜糅，不可方物。夫人作享，家爲巫史，無有要質。民匱於祀，而不知其福。烝享無度，民神同位。民瀆齊盟，無有嚴威。神狎民則，不蠲其爲。嘉生不降，無物以享。禍災荐臻，莫盡其氣。顓頊受之，乃命南正重司天以屬神，命火正黎司地以屬民，使復舊常，無相侵瀆，是謂絕地天通。〔註 173〕

黃帝後裔青陽一系衰微之後，周遭東夷族再度興風作浪，每個人皆揚言可以扶乩降神，假託神意以擾亂社會秩序，由於神棍太多，百姓對於神明的信仰不再如已往一般虔誠。直到顓頊重新平定九黎之亂，決定將神明祭祀與百姓事務的職權分開，即所謂「命南正重司天以屬神，命北正黎司地以屬民」，古時百姓凡食衣住行皆可藉巫覡之身請示神明的情形則不復存在。末云：

其後，三苗復九黎之德，堯復育重、黎之後，不忘舊者，使復典之。以至於夏、商，故重、黎氏世敘天地，而別其分主者也。其在周，程伯休父其後也，當宣王時，失其官守而爲司馬氏。寵神其祖，以取威於民，曰：「重寔上天，黎寔下地。」遭世之亂，而莫之能禦也。不然，夫天地成而不變，何比之有？」〔註 174〕

爾後三苗繼九黎重新興起作亂於江漢間，爲堯所平定。堯仿效顓頊「絕地天通」之舉措，設立重黎分掌天、地之事務。此制一直延續到周代，程伯休父即爲其後也。

而程伯既爲黎氏之後，可知其職掌實爲人間事務，章學誠《文史通義．史釋》所云，或即爲其職守之內容也，曰：

或問《周官》府史之史，與內史、外史、太史、小史、御史之史，有異義乎？曰：無異義也。府史之史，庶人在官供書役者，今之所謂書吏是也。五史，則卿、大夫、士爲之，所掌圖書、紀載、命令、法式之事，今之所謂內閣六科、翰林中書之屬是也。官役之分，高下之隔，流別之判，如霄壤矣。然而無異義者，則皆守掌故，而以法存先王之道也。〔註 175〕

〔註 173〕題〔周〕左丘明 著；徐元誥 集解；王樹民、沈長雲 點校：《國語集解》，頁 514～515。

〔註 174〕題〔周〕左丘明 著；徐元誥 集解；王樹民、沈長雲 點校：《國語集解》，頁 515～516。

〔註 175〕〔清〕章學誠：《文史通義．史釋》，頁 230。

所謂「世典周史」，即負責紀錄管理國家之「圖書、紀載、命令、法式之事」也。周宣王時，程伯休父失去典周史之權，轉任王室司馬之官也；《詩經・大雅・常武》載周宣王親征徐夷事，有「王謂尹氏，命程伯休父，左右陳行，戒我師旅」句。惟程伯休父尚念先祖「世典周史」之烈德，加上現任官職以兵威顯，故言重氏能舉天、黎氏能抑地，神化其祖先，以威耀取信於民也。但惠襄之間，周王室有子穨、叔帶之難，程伯休父位任司馬，卻「莫之能禦」，故觀射父譏其「寵神其祖，以取威於民」之舉，混亂了歷史上重氏、黎氏眞正的面貌，意謂：倘若天地眞如程伯休父所言，爲其先祖所分，今天誰還能與他匹敵呢？是知程伯休父已並稱重黎氏爲其先祖。又司馬貞《索隱》注云：

> 重司天而黎司地，是代序天地也。據《左氏》，重是少昊之子，黎乃顓頊之胤，二氏二正，所出各別，而史遷意欲合二氏爲一，故總云「在周，程伯休甫其後」，非也。然（後）案〔後〕彪之序及干寶皆云司馬氏，黎之後是也。今總稱伯休甫是重黎之後者，凡言地即舉天，稱黎則兼重，自是相對之文，其實二官亦通職。然休甫則黎之後也，亦是太史公欲以史爲己任，言先代天官，所以兼稱重耳。（〈太史公自序〉）

司馬父子並舉重黎，以模糊其先世究竟歸重或歸黎，司馬貞已點出其非。

然謂「凡言地即舉天，稱黎則兼重，自是相對之文，其實二官亦通職」，語則明顯爲司馬父子粉飾之辭，觀射父言：「顓頊受之，乃命南正重司天以屬神，命北正黎司地以屬民，使復舊常，無相侵瀆，是謂絕地天通。」是以重屬神，黎屬民，各司其職，明矣。司馬遷或不免矯史實以迎合己意，〈太史公自序〉曰：「不韋遷蜀，世傳《呂覽》；韓非囚秦，〈說難〉、〈孤憤〉」，即屬其例，此處或亦然。

至於司馬談臨終執遷手言：

> 余先周室之太史也。自上世嘗顯功名於虞夏，典天官事。後世中衰，絕於予乎？汝復爲太史，則續吾祖矣。

其語中所欲復興者實有二，除了負責紀錄管理國家圖書的「周室太史」之職外，即「嘗顯功名於虞夏」時的「典天官事」，亦即觀射父所言：「民之精爽不攜貳者，而又能齊肅衷正，其智能上下比義，其聖能光遠宣朗，其明能光照之，其聰能聽徹之」，能使明神降之之職也，如〈天官書〉言：

> 太史公曰：自初生民以來，世主曷嘗不曆日月星辰？及至五家、三代，紹而明之，內冠帶，外夷狄，分中國爲十有二州，仰則觀象於天，俯則法類於地。天則有日月，地則有陰陽。天有五星，地有五行。天則有列宿，地則有州域。三光者，陰陽之精，氣本在地，而聖人統理之。

文中天地比列，不正是「其智能上下比義」之能嗎？〈太史公自序〉所序列司馬家族世系，司馬談必知之，故其非不明本族系出黎氏乃司地屬民之官也，而是志在效法孔子「究天人之際」，因而含糊其辭，如〈天官書〉言：

> 是以孔子論六經，紀異而說不書。至天道命，不傳；傳其人，不待告；告非其人，雖言不著。

無論〈天官書〉出自父子何人之手，欲效法孔子的意志皆是一致的。

加上武帝即位後，在儒生如董仲舒、公孫弘等人的倡言鼓吹下，力行「改制更化」等表彰聖王形象的舉措。見元狩元年，武帝「郊雍，獲一角獸，若麟然。有司曰：『陛下肅祗郊祀，上帝報享，錫一角獸，蓋麟云。』」（〈今上本紀〉）無疑是一大鼓勵，使司馬父子更加堅信自己正身處於五百年大運的轉變關頭，〈天官書〉載曰：

> 夫天運，三十歲一小變，百年中變，五百載大變；三大變一紀，三紀而大備：此其大數也。爲國者必貴三五。上下各千歲，然后天人之際續備。

由於孔子作《春秋》一事，經戰國儒家的宣傳與渲染，至漢朝已使眾人深信不疑，故對於司馬父子而言，「獲麟」一事是否得能通過理性的驗證實不重要，重要的是其背後所代表的文化意義。如陳桐生言：

> 從西元前 551 年孔子誕生，到西元前 104 年改制完成，其間歷時 447 年，已經接近孟子、賈誼等人所說的五百大運之數。司馬談、司馬遷都深信當時正是受命聖王興盛的時代，他們的人生期望就是做聖王時代的「名世者」，做繼周公、孔子之後的又一位文化巨人。〔註 176〕

又言：

> 這個歷史文化觀的要點是：上古三代曾經出現過的王道政治的黃金時代，形成了以德治爲核心內容的王道文化傳統，但是自西周末年

〔註 176〕陳桐生：《儒家經傳文化與史記》，頁 40。

以後王道衰微，孔子以滄海橫流的巨人氣魄刪述六經，特別是作《春秋》制定王法，使中斷了的王道文化傳統又接續上來。孔子以後中華士人的歷史使命就是全面落實孔子在六經異傳中特別是在《春秋》中所寄寓的思想。《史記》就是在這樣的構思下來記載漢家「更化」事業，它特別強調漢家在孔子《春秋》旗幟下受命改制的重大歷史事件，展現了漢家「更化」前後的興盛繁榮情景，視漢家改制爲意義深刻的重大社會革命，視漢家「更化」爲孔子《春秋》精神的落實。〔註177〕

正因爲五百歲大運的年數是如此的接近，加上漢武「改制更化」背後所代表的象徵意義。由是，我們方能了解何以司馬談「留滯周南」，未得從事天子「始建漢家之封」，遂「發憤而卒」；倘若我們無法把握「名世者」這一文化地位對於司馬談之重要，見其「發憤而卒」，便無法不心生「何以鬱憤至死」的困惑。

司馬談自始自終都認爲自己便是孔子、周公的繼承者。無法參與武帝封禪，意味著原來一切都是出於自己的幻想，長久以來支持著自己的價值信念在一夕間崩潰，這怎能教人接受。

故司馬談執遷手泣曰：「且夫孝始於事親，中於事君，終於立身。揚名於後世，以顯父母，此孝之大者。」不只是對司馬遷的諄諄教誨，更是自憐自責之辭，《論語‧堯曰》云：「興滅國，繼絕世，舉逸民，天下之民歸心焉。」存亡繼絕、禮賢下士，爲聖王的必備條件，司馬談既以周公、孔子等素王事業爲終生努力之方向，復興自家一度斷絕的史官職守必然爲第一要務。

日本學者高木智見嘗考察先秦時人對於背負家族期望的心理爲何，言曰：

當時的社會，以祭祀祖先爲紐帶，由祭祀祖先的集團構成。在這些集團中，祖先神與現世人互相存在的根據，是在祭祀與生命的相互依存關係的基礎上，所有課題都相互共有。在此意義上，當時社會可以看作是人神共同體。……對當時的所有人來說，至高無上的命題只有人神共同體的永存，也就是自己本族的永存。而且，本族的永存並不是一個抽象的概念，而是把從祖先那裡世襲下來的財產和官職，以及生命的延續傳遞給子孫的實際行動。……本族的永存，

〔註177〕陳桐生：《儒家經傳文化與史記》，頁41。

> 就是在這種不斷重複的父子繼承和上自祖先下至子孫的生命的連續，通過在自己肉體中的體現得到確認，並達到目的。〔註 178〕

「不得從事天子」，代表司馬談在文化事業上的挫敗；未能復興中衰的史官事業，意味著無法沿襲傳承祖先的精神生命。在事業與家族兩方面的挫敗打擊下，司馬談抑鬱而卒是可想見之事。司馬遷則藉由司馬談的臨終遺言，完全接下了這復興家族傳統的重大責任。

二、孰令聽之：現實生活經驗的受挫與孤寂

美國心理學家普汶引用霍林斯赫德（Hollingshead）的話說：

> 因此我們可以推論，家庭和社區的次文化（社會階層）不僅訂出小孩行爲的階段，而且還提供行爲的方式和行動的意義……他在不知不覺中被塑造成某種人格……孩童時期在家裏及在社區各種學習的效果，是造成不同階層的青少年社會行爲顯著差異的基本條件化因素。〔註 179〕

可知一個人格的養成，除了家庭因素之外，還有社會環境的影響，其中包括了生長環境、同儕，甚至是師長等等。上文已介紹了司馬談如何從觀射父口中重新詮釋理解自己的世系背景，以及先天背負的家族責任，最後通過了臨終前誠摯又滿懷遺憾的囑託，交付到司馬遷身上。

司馬談父子毫無怨言的汲汲以復興先祖史官傳統爲念，或許正應驗了霍爾（C.S.Hall）所言：「氣質偏好來自遺傳，這個事實提示我們，『興趣』和『價值』都可能源自遺傳的決定。」〔註 180〕此小節打算從司馬遷所處的社會環境切入，討論其因少年壯游所培養的不凡識見與豪情胸襟，如何使得他在日後世態炎涼、人情冷暖的官場上顯得格格不入，遠大的信念反倒成爲他融入政治現實環境的阻礙，寄情著述被迫成爲他生活唯一的價值寄託，他孤獨、抑鬱、憤怒、慘淡的生命歷程，成就了日後爲人稱頌的偉大著作，這是何等的悲哀與諷刺。

〈太史公自序〉云：「遷生龍門，耕牧河山之陽。年十歲則誦古文。」關於司馬遷之生年，今學界共有二說，一說爲《索隱》引《博物志》云：「太

〔註 178〕〔日〕高木智見 著；何曉毅 譯：《先秦社會與思想》，頁 53～54。

〔註 179〕〔美〕普汶（Lawrence A.Pervin）著；鄭慧玲 譯：《人格心理學》，頁 37。

〔註 180〕〔美〕普汶（Lawrence A.Pervin）著；鄭慧玲 譯：《人格心理學》，頁 4。

史令，茂陵顯武里大夫司馬遷，年二十八，三年六月乙卯除，六百石」；一說爲《正義》於〈自序〉「（談）卒三歲而遷爲太史令，……五年而當太初元年」下注云：「案遷年四十二歲」，兩說相差十年。從前說，則司馬遷生於漢武帝建元六年（前 135）；從後說，則繫年於漢景帝中五年（前 145）。自王國維始，現代學人多有考辯，〔註 181〕惟此非本文所欲辨明之要題，僅以敘述方便，仍從《正義》說，繫史遷生年於孝景帝中五年（前 145）。

「年十歲則誦古文」爲描述史遷受學師承之始。王國維〈太史公行年考〉云：《索隱》引劉伯莊說，謂即《左傳》、《國語》、《世本》等書是也。考司馬談仕於建元、元封間，是時，當已入官。公或隨父在京師，故得誦古文矣。自是以前，必已就閭里書師受小學書，故十歲而能頌古文。〔註 182〕

學者或以司馬遷十歲便能誦習古文，贊其天資聰穎超乎尋常學齡之所能，或又謂此處乃仿效《春秋》，必有微言深意於期間。

然見《史記・儒林列傳》太史公云：「余讀功令，至於廣厲學官之路，未嘗不廢書而歎也。」「功令」即同傳所載公孫弘〈請爲博士置弟子員議〉文中所擬之建制也。《索隱》注曰：「案謂學者課功著之於令，即今學令是也。」日人瀧川資言《考證》補曰：「顏師古曰：『功令，篇名，若今選舉令。』沈欽韓曰：『唐學令。選舉令中一門也。』」〔註 183〕〈酷吏列傳〉杜周云：「前主所是著爲律，後主所是疏爲令。」阮芝生釋〈功令〉即爲「當時考績或評定功勞的法令。」〔註 184〕再具體言之，即武帝時針對考核讀書人擔任國家公務員所擬定的制度與配套措施。

又《漢書・藝文志・小學序》曰：

> 易曰：「上古結繩以治，後世聖人易之以書契，百官以治，萬民以察，蓋取諸夬。」「夬，揚於王庭」，言其宣揚於王者朝廷，其用最大也。古者八歲入小學，故《周官》保氏掌養國子，教之六書，謂象形、

〔註 181〕從《索隱》說者，有：李長之〈司馬遷生年爲建元六年辨〉、郭沫若〈太史公行年考有問題〉、袁傳璋〈司馬遷生於武帝建元六年新證〉、吳汝煜〈論司馬遷的生年及與此有關的幾個問題〉；從《正義》說者，有王國維〈太史公行年考〉、錢穆〈司馬遷生年考〉、施丁〈司馬遷行年新考〉、張大可〈評司馬遷生於建元六年說之新證〉；而張大可〈司馬遷的生卒年考論綜述〉一文，爲「司馬遷生年考」此一議題，大抵總結之作。

〔註 182〕王國維：〈太史公行年考〉，收入《觀堂集林》，頁 484。

〔註 183〕〔日〕瀧川資言：《史記會注考證》，卷 121，頁 2，總頁 1285。

〔註 184〕阮芝生：《司馬遷的史學方法與歷史思想》，頁 78。

> 象事、象意、象聲、轉注、假借，造字之本也。漢興，蕭何草律，亦著其法，曰：「太史試學童，能諷書九千字以上，乃得爲史。又以六體試之，課最者以爲尚書御史史書令史。吏民上書，字或不正，輒舉劾。」六體者，古文、奇字、篆書、隸書、繆篆、蟲書，皆所以通知古今文字，摹印章，書幡信也。

史者，錄事敘述之官也，故於識字讀書章句之學要求更嚴，可想而知。司馬遷出自太史之門，父親司馬談又盡心栽培其爲適任之接班人，受學嚴謹是自然之事。

又漢惠帝四年「省法令妨吏民者；除挾書律。」（《漢書‧惠帝紀》）而《漢書‧景十三王傳》載河間獻王事蹟曰：

> 河間獻王德以孝景前二年立，修學好古，實事求是。從民得善書，必爲好寫與之，留其眞，加金帛賜以招之。繇是四方道術之人不遠千里，或有先祖舊書，多奉以奏獻王者，故得書多，與漢朝等。……獻王所得書皆古文先秦舊書，《周官》、《尚書》、《禮》、《禮記》、《孟子》、《老子》之屬，皆經傳說記，七十子之徒所論。

是知景帝時先秦古文舊書在藏書除罪化以及諸侯王重金收書的鼓勵下，已逐漸流通於社會之間。

又〈儒林列傳〉載「及高皇帝誅項籍，舉兵圍魯，魯中諸儒尚講誦習禮樂，絃歌之音不絕，豈非聖人之遺化，好禮樂之國哉？」雖然「尚有干戈，平定四海，亦未暇遑庠序之事也。」但可知私人講學之風在漢初已又逐漸復甦。

上述種種，皆說明司馬遷所處時空，教育制度與風氣大抵不再封閉，甚至可說是十分開放。故視「年十歲則誦古文」之事，應以平常眼光待之，實毋需太過神化史遷的學習過程。

除了「紬史記石室金匱之書」外，司馬遷對於知識的獵取，還來自於因各種機緣而得以進行鄉野考察的旅行機會，如〈太史公自序〉載：

> 二十而南游江、淮，上會稽，探禹穴，闚九疑，浮於沅、湘；北涉汶、泗，講業齊、魯之都，觀孔子之遺風，鄉射鄒、嶧；戹困鄱、薛、彭城，過梁、楚以歸。

又載：

於是遷仕爲郎中，奉使西征巴、蜀以南，南略邛、笮、昆明，還報命。

實地的探訪爲他驗證了書本上的知識，如〈伯夷列傳〉云：

太史公曰：余登箕山，其上蓋有許由冢云。

也釐清了道聽塗說的謠言。又如〈樊酈滕灌列傳〉云：

吾適豐沛，問其遺老，觀故蕭、曹、樊噲、滕公之家，及其素，異哉所聞！

更重要的是，他通過外出的機會，得以開拓他的眼界、擴大他的交友圈，藉由與許多不同階層身份的人物接觸，對於世情的複雜與多樣有更深入的體會，如〈孔子世家〉云：

余讀孔氏書，想見其爲人。適魯，觀仲尼廟堂車服禮器，諸生以時習禮其家，余祗迴留之不能去云。

若對比〈孟嘗君列傳〉中述其所見而大爲驚異之情狀，更爲明顯：

吾嘗過薛，其俗閭里率多暴桀子弟，與鄒、魯殊。問其故，曰：「孟嘗君招致天下任俠，姦人入薛中蓋六萬餘家矣。」世之傳孟嘗君好客自喜，名不虛矣。

正是因爲司馬遷有親入民間與各類人物接觸的經驗，因此，他在看待不同職業、不同階層者的眼光，自然與朝中承祖上庇蔭而享爵位或不食人間煙火的博士學究截然有別，如〈游俠列傳〉即論謂之曰：

今拘學或抱咫尺之義，久孤於世，豈若卑論儕俗，與世沈浮而取榮名哉！而布衣之徒，設取予然諾，千里誦義，爲死不顧世，此亦有所長，非苟而已也。故士窮窘而得委命，此豈非人之所謂賢豪閒者邪？誠使鄉曲之俠，予季次、原憲比權量力，效功於當世，不同日而論矣。要以功見言信，俠客之義又曷可少哉！

班固於《漢書・司馬遷傳贊》貶其「退處士而進奸雄」，然〈貨殖列傳〉稱子貢能「使孔子名布揚於天下」，又〈伯夷列傳〉敘伯夷、叔齊爲列傳之首，並附傳許由、卞隨、務光等重義輕利之士，故司馬遷並非厭惡「高節戾行，獨樂其志，不事於世」〔註 185〕的隱者，乃是其中「譽者或過其實，毀者或損其眞」（〈仲尼弟子列傳〉），其秉持著剛直不曲的性格，與不同流俗的眼光，還其本來面目而已。

〔註 185〕〔戰國〕莊周 著；〔清〕郭慶藩 集釋：《莊子集釋・讓王》，卷 9 下，頁 988。

遺憾的是，在朝爲官者多以趨利避害、玩弄權術爲務，笑罵由人笑罵，好官我自爲之。如汲黯斥責公孫弘「位在三公，奉祿甚多。然爲布被，此詐也」，弘竟以管仲自比。

又〈汲鄭列傳〉載：

> 始翟公爲廷尉，賓客闐門；及廢，門外可設雀羅。翟公後爲廷尉，門客欲往，翟公乃大署其門曰：「一死一生，乃知交情。一貧一富，乃知交態。一貴一賤，交情乃見。」

人情現實，何其涼薄。但縱使司馬遷深諳處世爲人之箇中三昧，卻在「李陵案」中錯判形勢，高估了他司馬父子與漢武帝的兩代君臣交誼。

司馬遷在〈報任少卿書〉中鉅細靡遺的還原當初他看待李陵一事的始末，謂其與李陵「素非相善也」，因爲「趣舍異路，未嘗銜盃酒接殷勤之歡」，所以只是「俱居門下」。但「觀其爲人自奇士，事親孝，與士信，臨財廉，取予義，分別有讓，恭儉下人，常思奮不顧身以徇國家之急。其素所畜積也，僕以爲有國士之風。」換言之，司馬遷與李陵的關係，甚至連朋友也稱不上，只是在朝爲官的同事。史遷對他的印象與看法，全然從爲武帝舉賢才的立場出發，加上看不慣朝中「全軀保妻子之臣」，因李陵「舉事壹不當」，「隨而媒孽其短」的小人嘴臉。

又〈報任少卿書〉言：

> 陵未沒時，使有來報，漢公卿王侯皆奉觴上壽。後數日，陵敗書聞，主上爲之食不甘味，聽朝不怡。大臣憂懼，不知所出。僕竊不自料其卑賤，見主上慘悽怛悼，誠欲効其款款之愚。以爲李陵素與士大夫絕甘分少，能得人之死力，雖古名將不過也。身雖陷敗，彼觀其意，且欲得其當而報漢。事已無可柰何，其所摧敗，功亦足以暴於天下。僕懷欲陳之，而未有路，適會召問，即以此指推言陵功，欲以廣主上之意，塞睚眦之辭。未能盡明，明主不深曉，以爲僕沮貳師，而爲李陵遊說，遂下於理。拳拳之忠，終不能自列。（《漢書・司馬遷傳》）

文句中彷彿還保有司馬遷在回憶時的困惑與悔恨。困惑的是他沒想到他司馬氏父子兩代盡「拳拳之忠」、效「款款之愚」之君臣情誼，在此時竟然如此脆弱；本來旨在「推言陵之功」，「以廣主上之意」，卻遭到「沮貳師」、「爲李陵遊說」的誤解。他悔恨的是高估了自己的身份，「不自料其卑賤」，最終落得

「深幽囹圄之中」，卻因爲「家貧，財賂不足以自贖」，又「交遊莫救；左右親近不爲壹言」只能「茸於蠶室」以自救的悲哀下場。

司馬遷「時然後出言，行不由徑」（〈伯夷列傳〉），完全出自公正而發憤的言行，不被同儕所贊揚；其因循父志著史以宣漢的信念，就更加不可能爲人所接受，從〈自序〉中記載壺遂與司馬遷的對談便能驗證。

壺遂問史遷云：「昔孔子何爲而作《春秋》哉？」史遷竭盡所知，暢論孔子作《春秋》之微言義法，然而壺遂卻反問他：

> 孔子之時，上無明君，下不得任用，故作《春秋》。垂空文以斷禮義，當一王之法。今夫子上遇明天子，下得守職，萬事既具，咸各序其宜，夫子所論，欲以何明？（〈太史公自序〉）

壺遂的反問，使司馬遷一度語塞，只得「唯唯！否否！」搪塞其辭。〈韓長孺列傳〉述壺遂爲人「深中隱厚」，「內廉行脩」，史遷贊其爲「鞠躬君子也」。如此謙謙長者，深明律歷之法，想必歷史修養亦是不凡，又與司馬遷一同修定律歷，交往應是匪淺，但連他都無法了解司馬遷欲法效孔子作《春秋》的心情與理念，司馬遷之落寞可想而知。

其實司馬父子因爲職務之故，長期隨侍武帝左右，久處於政治權力結構中心，雖無決策之能，但卻親歷了每一個重大決策，甚或本身即是決策計畫的負責人。如〈報任少卿書〉中言：「僕之先人非有剖符丹書之功，文史星曆近乎卜祝之間。」《漢書・藝文志》序嘗記載漢武帝時曾有過一次大規模整理圖書的典藏計畫，載曰：

> 漢興，改秦之敗，大收篇籍，廣開獻書之路。迄孝武世，書缺簡脱，禮壞樂崩，聖上喟然而稱曰：「朕甚閔焉！」於是建藏書之策，置寫書之官，下及諸子傳說，皆充祕府。

逯耀東以爲司馬遷自嘲其父「文史星曆近乎卜祝」。「星曆」即天時星曆之任，而「文史」所指就是文字處理，以及保管和整理圖書檔案工作。圖書典藏和整理是一體兩面的工作，故擔任校書工作的應是司馬氏父子無疑。〔註 186〕裴駰《集解》引如淳語曰：

> 漢儀注太史公，武帝置，位在丞相上。天下計書先上太史公，副上丞相，序事如古《春秋》。遷死後，宣帝以其官爲令，行太史公文書而已。

〔註 186〕逯耀東：《抑鬱與超越——司馬遷與漢武帝時代》，頁 3～4。

司馬貞駁之曰：

> 「公」者，遷所著書尊其父云「公」也。然稱「太史公」皆遷稱述其父所作，其實亦遷之詞，而如淳引衛宏儀注稱「位在丞相上」，謬矣。案百官表又無其官。且修史之官，國家別有著撰，則令郡縣所上圖書皆先上之，而後人不曉，誤以爲在丞相上耳。

「太史公」爲司馬遷尊稱其父之辭，已爲學術定見。然雖無「位在丞相上」，但因紀錄備檔之責，「天下計書先上太史公」當屬事實，可爲逯氏佐證。

綜觀司馬父子一生爲官備受提攜，尤其司馬遷自言：

> 僕少負不羈之才，長無鄉曲之譽。主上幸以先人之故，使得奏薄技，出入周衛之中。(《漢書・司馬遷傳》)

又言：

> 僕賴先人緒業，得待罪輦轂下，二十餘年矣。所以自惟：上之，不能納忠效信，有奇策材力之譽，自結明主；次之，又不能拾遺補闕，招賢進能，顯巖穴之士；外之，不能備行伍，攻城(戰野)〔野戰〕，有斬將搴旗之功；下之，不能累日積勞，取尊官厚祿，以爲宗族交遊光寵。四者無一遂，苟合取容，無所短長之效，可見於此矣。(《漢書・司馬遷傳》)

文中雖不免欲揚反抑之怨辭，但亦可見司馬遷十分在意自己並非循博士弟子員，憑一己之力舉孝悌而致仕，乃是憑依父親的餘蔭庇護而從事武帝左右。

見武帝幾次出巡，司馬遷皆在伴駕名單之列，其受皇帝的榮寵可見一斑。卻也是這份榮寵爲他招來嫉妒的目光和災厄。一度失勢，遂陷入孤立無援、牆倒眾人推的困境。如〈報任少卿〉言：

> 假令僕伏法受誅，若九牛亡一毛，與螻螘何異？而世又不與能死節者，特以爲智窮罪極，不能自免，卒就死耳。何也？素所自樹立使然。(《漢書・司馬遷傳》)

句中透露出長久以來爲世人所厭惡的處境，認爲他不過是因爲祖上蔭護、皇帝加榮的寵臣，一朝犯法失寵，何足惜哉；世俗眼光如此，朝內歧視眼光想必更加激烈，如其言：

> 鄉者，僕亦嘗廁下大夫之列，陪外廷末議，不以此時引維綱，盡思慮，今已虧形爲埽除之隸，在闒茸之中，乃欲卬首信眉，論列是非，不亦輕朝廷，羞當世之士邪！(《漢書・司馬遷傳》)

這些所謂的「當世之士」，不正是在李陵案中一下「奉觴上壽」，一下「媒孽其短」，只爲了「全軀保妻子之臣」嗎？甚至連任安本人在司馬遷遭逢李陵之難，也只是袖手旁觀、親見全局罷了。莫怪司馬遷感嘆：

> 僕雖罷駑，亦嘗側聞長者遺風矣。顧自以爲身殘處穢，動而見尤，欲益反損，是以抑鬱而無誰語。諺曰：「誰爲爲之？孰令聽之？」蓋鍾子期死，伯牙終身不復鼓琴。何則？士爲知己者用，女爲說己容。若僕大質已虧缺，雖材懷隨和，行若由夷，終不可以爲榮，適足以發笑而自點耳。（《漢書・司馬遷傳》）

其遭遇如此，只能寄望自己的文采能表諸後世，俟後聖君子，傳之其人，通都大邑，以成就名山不朽之事業了。

三、發憤著書：湛溺累紲之辱的平衡與昇華

欲探究「茸以蠶室」、「湛溺累紲」的恥辱對於司馬遷心理層面的刺激，就不得不先提及司馬遷在經歷宮刑後因生理變化所造成的心理痛苦。

司馬遷在〈報任少卿書〉的自白中，嘗表明自己對於宮刑的認知，言曰：

> 禍莫憯於欲利，悲莫痛於傷心，行莫醜於辱先，而詬莫大於宮刑。（《漢書・司馬遷傳》）

又曰：

> 太上不辱先，其次不辱身，其次不辱理色，其次不辱辭令，其次詘體受辱，其次易服受辱，其次關木索被箠楚受辱，其次鬄毛髮嬰金鐵受辱，其次毀肌膚斷支體受辱，最下腐刑，極矣。傳曰：「刑不上大夫。」此言士節不可不厲也。（《漢書・司馬遷傳》）

司馬遷將知識分子可能遭受的侮辱，分成幾種層次，而宮刑是最下賤的一種。

倘若我們能瞭解人受宮刑之後在生理上所產生的變化，便能以同情之理解推知史遷所承受的極大心理壓力。清人唐甄在《潛書》中不只將宦官視作賤奴，對其閹割後形貌變化之醜陋亦有幾近刻薄卻生動的描寫，他說：

> 彼奴也，望之不似人身，相之不似人面，聽之不似人聲，察之不似人情。臃然磊落，如瘿如魋，盤然汲然，如牛如豕，不似人身也。有須非男，無須非媼，雖少美如玉，索無聲氣，不似人面也。其聲似童，不穎，似女，不媚；似啞，成聲；似理，成語，不似人聲也。

煦煦愛人，亦復毒人，憫之則流涕成雨，惡之則斬殺如草，不似人情也。〔註 187〕

由於閹割過後，陽性荷爾蒙與陰性荷爾蒙無法正常分泌代謝，身形會開始變的臃腫胖壯，就像生了好幾顆肉瘤一樣，呼吸低沉卻短促，像牛叫或豬叫，所以說「不似人身」。聲音像幼童卻不夠機敏，像女聲又不夠嬌媚，喑啞卻又成聲，所以說「不似人聲」。受到如此極刑的人，在性格上亦丕變。善待你時如陽光般溫暖，卻可以轉眼間便展現出狠毒刻薄的樣貌，憐憫人時可以到淚如雨下，怨恨人時可以像斬除雜草，性情反覆、變化極大，所以說「不似人情」。

正是這般陰陽怪氣的醜陋模樣，莫怪乎史遷要自嘆：

僕以口語遇遭此禍，重爲鄉黨戮笑，汙辱先人，亦何面目復上父母之丘墓乎？雖累百世，垢彌甚耳！是以腸一日而九回，居則忽忽若有所亡，出則不知所如往。每念斯恥，汗未嘗不發背霑衣也。(〈報任少卿書〉)

閹割過後的壓力，除了因爲樣貌上會有明顯的變化外，最直接的還是在於生理上無法獲得正常的發洩。「大質虧損」、「身殘處穢」成爲司馬遷自卑心理的痛楚源頭。

推算司馬遷遭刑之時，約當四十近五的中壯之年，其身體與精神都達至成熟調和的年紀。據學者研究，大部份宦官在閹割過後，雖喪失了性能力，但仍有此類欲望和衝動，在這種心理與生理無法平衡的畸形狀態之下，會使得被閹割者發展出更強烈的生理需求。

尤其是像史遷這般成年以後方被閹割者，生理欲望早已作爲一種心理定勢，牢固地儲存於大腦之中，雖然心有餘而力不足，但身體仍存有舊往的記憶。也因此，關乎此方面的事情或訊息，往往對宦官有較大的刺激與反應，其宣洩的管道亦多從此。〔註 188〕

如果上述的說法有其合理性，我們就不難理解司馬遷在〈張丞相列傳〉中，對張蒼晚年以女子爲乳母及「嘗孕者不復幸」之類記載的突兀。

又檢核《戰國策》，未見獻趙姬於子楚一事，但史遷仍蒐羅穢秘的傳說、故事，記述呂不韋與宣太后私通，以及「始皇帝益壯，太后淫不止。呂不韋

〔註 187〕〔清〕唐甄：《潛書・醜奴》，頁 459～460。

〔註 188〕劉達臨：《性與中國文化》，頁 382～383。

恐覺禍及己」，遂尋得能夠「以其陰關桐輪而行」的大陰人嫪毒，送入宮中，提供宣太后來進行淫樂等等事蹟。

司馬遷於床笫私闈之事，有特別獵奇、蒐密的傾向，陳桐生亦有類似的觀察，其言曰：

> 對於司馬遷來說，他是中年遭受宮刑，這與童年閹割又當不同，因爲他已有妻室兒女，已有性生活體驗，所以他的被閹割與性障礙有相似之處，必然要造成極大的心理混亂與煩悶。〔註 189〕

語述及此，彷彿將司馬遷形容成一位好「窺人閨門之私，聽聞中冓之言」(《漢書・文三王傳》語）的心理扭曲者，然若能從上述理由去了解，那就不足爲怪了。故筆者以爲能述及史遷此層面之心理背景，方能使其更加貼近人性，而非落入高高在上的神化形象。

至於陳桐生認爲宮刑「乃是對非正式婚姻關係的性行爲的懲罰」，且「由於宮刑是與人們所不齒的非法性行爲聯繫在一起，而且又是對人體那個神秘敏感的羞恥部位施刑，所以受宮刑也就因其卑鄙下流而爲人們所不齒。」〔註 190〕進而說明司馬遷對宦官身份感到羞恥的原因所在。筆者以爲不然，茲略論之。

《尚書・呂刑》云：「殺戮無辜，爰始淫爲劓、刵、椓、黥。」鄭注云：「椓，謂椓破陰」，即幽閉也。《周禮・秋官・司刑》鄭玄注云：「宮者，丈夫則割其勢，女子閉於宮中，若今官男女也。」《史記・文帝紀》中，司馬貞《索隱》於〈除肉刑詔〉下引崔浩《漢律序》曰：「文帝除肉刑而宮不易。」張斐注崔語云：「以淫亂人族序，故不易之也。」但考究《史》、《漢》二書，眞正因爲犯淫行而遭宮刑的卻鮮見其例，如《漢書・高惠高后文公臣表》載成敬侯董滐曾孫朝於「元狩三年，坐爲濟南太守與城陽王女通，耐爲鬼薪」；堂邑安侯陳嬰曾孫季須「元鼎元年，坐母公主卒未除服姦，兄弟爭財，當死，自殺」；《漢書・諸侯王表》載常山憲王劉舜子勃於元鼎三年，「坐憲王喪服姦，廢徙房陵」；《漢書・文三王傳》載梁王劉立與自己的姑姑通姦，「有司案驗，因發淫亂事，奏立禽獸行，請誅」；《史記・高祖功臣侯者年表》土軍武侯宣義曾孫生於「元朔二年，生坐與人妻姦罪，國除」；又《史記・荊燕世家》載燕王劉澤孫定國「與父康王姬姦，生子男

〔註 189〕陳桐生：《中國史官文化與史記》，頁 125～126。
〔註 190〕陳桐生：《中國史官文化與史記》，頁 125。

一人。奪弟妻為姬。與子女三人姦。……至元朔元年，郢人昆弟復上書具言定國陰事，以此發覺。詔下公卿，皆議曰：『定國禽獸行，亂人倫，逆天，當誅。』上許之。定國自殺，國除為郡。」上述種種或坐「禽獸行」，或犯「和姦」、「居喪姦」等罪，皆屬漢律淫行之屬，〔註 191〕但真正因此而下蠶室者可說未見其例。

故而司馬遷感到羞恥之關鍵，實不在於世俗對「非正式婚姻關係的性行為」的想像連結，乃是因為他寧可苟且偷生而自請下蠶室以贖死的懦弱行為。

當時免去死刑的替代方法有二：一則漢景帝四年曾「赦徒作陽陵者死罪；欲腐者，許之」（《漢書・景帝紀》）；一則漢武帝太始二年嘗頒令「募死罪（人）〔入〕贖錢五十萬減死一等」（《漢書・武帝紀》）。司馬遷既「家貧，財賂不足以自贖」又「交遊莫救；左右親近不為壹言」（《漢書・司馬遷傳》），為了父親司馬談的遺志，以及自己不願像螻蟻一般死去，只好自請下蠶室以贖死。劉達臨嘗謂：

> 宦官的出現要基於兩個歷史條件：一是政治條件，社會上分為統治和被統治階級，統治階級為了能安全地玩弄大量女子，需要閹人，而被統制階級中的戰俘、罪犯等人毫無生命保障，首當其衝地成為被閹割的對象。二是技術條件，閹割技術能保障最低限度的成功率，根據當時社會所能提供的戰俘或罪犯的數量，這個不高的成功率是統治者所能接受的。〔註 192〕

據此得以推知：當時「宮刑」之目的與「非正式婚姻關係的性行為」並無強烈的連結，其目的是在確保皇室後宮擁有固定的勞動力輸入來源。這也是為什麼司馬遷終於認知到自己其實「固主上所戲弄，倡優畜之，流俗之所輕也。」（《漢書・司馬遷傳》）因為在當時閹割技術仍不發達，死亡率極高的情形下，漢武帝壓根不把他的死生看在眼裡。

再由上述犯淫行的例子來看，多數人寧願自殺都不願接受屈辱的腐刑，司馬遷亦言：「且人不能蚤自財繩墨之外，以稍陵夷至於鞭箠之間，乃欲引節，斯不亦遠乎！」換言之，對於司馬遷來說「非死者難也，處死者難」（〈廉頗藺相如列傳〉），實在是「恨私心有所不盡，鄙沒世而文采不表於後也」（《漢

〔註 191〕程樹德：《九朝律考・漢律考・律令雜考上》，頁 121～122、146～147。

〔註 192〕劉達臨：《性與中國文化》，頁 367。

書・司馬遷傳》)，故而才會在〈報任少卿書〉中鍥而不捨的討論：就算是面對死亡，仍有不同層次的考究，藉以爲自己請腐刑以苟活之看似軟弱無能的行爲戮力申辯，言曰：

> 夫人情莫不貪生惡死，念親戚，顧妻子，至激於義理者不然，乃有不得已也。今僕不幸，蚤失二親，無兄弟之親，獨身孤立，少卿視僕於妻子何如哉？且勇者不必死節，怯夫慕義，何處不勉焉！僕雖怯耎欲苟活，亦頗識去就之分矣，何至自湛溺累紲之辱哉！且夫臧獲婢妾猶能引決，況若僕之不得已乎！

從生理的需求再往更上一層的精神層面追究，無法履行丈夫的義務其背後則是一種出自於傳統倫理觀念的負擔，陳桐生便嘗針對此點剖析說：

> 中華民族是一個高度倫理化的民族，其中孝悌觀念又在中國人的倫理意識中佔有核心地位。孝悌觀念濫觴於原始民主社會的敬老道德，形成於孔孟，至秦漢之際《禮記》、《孝經》出而大備，形成了由孝及忠、由人道而及天道的倫理體系。……而在孝的諸要義中，愛護父母賜與的身體爲其首要內容。……對司馬遷來說，身殘處穢，大質虧損，這不僅僅是肉體的劇痛與心靈的恥辱，而且對其父母及司馬氏祖先也是莫大的玷污。〔註 193〕

孫曜在《春秋時代之世族》中指出：無論魯國公室的矛盾和世族之間的鬥爭如何激烈，內亂如何嚴重，然而絕對不至於斷絕他人血脈，必定會保證其族後繼有人的不成文規定。〔註 194〕日本學者高木智見進一步論述到：「像這樣有著延續別人血族的慣常想法的並不只是『守禮之國』魯國一國，春秋時代的諸侯各國都有這樣的行爲。」〔註 195〕細究箇中因由，乃是出自於時人認爲人死後仍須食物，即所謂「血食」的概念。香火斷絕、無人奉祀的祖先靈魂則會化作厲鬼，因爲飢餓而四處作祟。〔註 196〕正是在這種人神共存於世，需互相扶助的前提認知下，凝聚了祖先與子孫之間強烈的連結，形成一個緊密的世族家庭。高木智見又言曰：

> 當時的社會，是由通過祭祀祖先活動連接起來的祭祀祖先集團所構成的，諸侯國可以看成是由始祖與子孫後代所構成的一個大家庭，

〔註 193〕陳桐生：《中國史官文化與史記》，頁 126～127。
〔註 194〕孫曜：《春秋時代之世族》，頁 67。
〔註 195〕〔日〕高木智見 著；何曉毅 譯：《先秦社會與思想》，頁 116。
〔註 196〕〔日〕高木智見 著；何曉毅 譯：《先秦社會與思想》，頁 119。

> 亦即人神共同體。這裡用共同體這個詞語，是爲了表達祖先神依賴於子孫的祭祀，而子孫的生存也依賴於祖先神的守護這種兩者之間的相互依存關係。〔註 197〕

「因此，對當時人來說，人生最大的使命就是不能斷絕後嗣，而最大的恐怖也就是斷絕後嗣。」〔註 198〕而這種原先基於害怕鬼神作祟的現實需要，經過孔子及其子弟在思想上的價值提煉後，便形成日後「不孝有三，無後爲大」(《孟子・離婁上》)的約定思維，《孝經・開宗明義》云：「身體髮膚，受之父母，不敢毀傷，孝之始也；立身行道，揚名於後世，以顯父母，孝之終也。」即以保存性命、綿延後嗣爲先，顯揚父母祖先之名爲後也。

就儒家觀念而言，對於宦官這個身份，其實是非常卑視的。如《孟子・萬章上》便記載這樣一段對話：

> 萬章問曰:「或謂『孔子於衛主癰疽，於齊主侍人瘠環』，有諸乎？」孟子曰:「否，不然也，好事者爲之也。於衛主顏讎由。彌子之妻與子路之妻，兄弟也。彌子謂子路曰:『孔子主我，衛卿可得也。』子路以告，孔子曰:『有命。』孔子進以禮，退以義，得之不得曰:『有命』。而主癰疽與侍人瘠環，是無義無命也。孔子不悅於魯衛，遭宋桓司馬，將要而殺之，微服而過宋。是時孔子當阨，主司城貞子，爲陳侯周臣。吾聞觀近臣，以其所爲主；觀遠臣，以其所主。若孔子主癰疽與侍人瘠環，何以爲孔子！」

孟子認爲宦官是「無義無命」的，孔子若與宦官爲伍，那就不是孔子了。

司馬遷既「考信於六藝」(〈伯夷列傳〉語)、「折中於夫子」(〈孔子世家〉語)，讀及這些經籍，內心必然有所感觸，因而「每念斯恥，汗未嘗不發背霑衣也」，故而在心理上，司馬遷得爲自己尋找出口。

佛洛伊德嘗提及：人由於幼童時期身體的發育尚未健全，導致性欲被迫壓抑，「在這一段完全的或部份的潛伏期裏，精神力量得以發展而壓制性生活，有如河隄，引導其走向狹窄的河道。這些精神力量包含了嫌惡感、羞恥心，以及道德的、美感的理想化要求。」〔註 199〕或是這種因壓抑而生的反向作用，造成在精神上得以進行昇華。

〔註 197〕〔日〕高木智見 著；何曉毅 譯：《先秦社會與思想》，頁 121。
〔註 198〕〔日〕高木智見 著；何曉毅 譯：《先秦社會與思想》，頁 124。
〔註 199〕〔奧〕佛洛伊德：《性學三論・愛情心理學》，頁 85。

由此反觀〈報任少卿書〉中所述司馬遷心理的轉折歷程，他先是透過歷史上關乎宦官事蹟的爬梳，表達自己對宦官這個身份的唾棄與厭惡，他說：

> 昔衛靈公與雍渠載，孔子適陳；商鞅因景監見，趙良寒心；同子參乘，爰絲變色，自古而恥之。夫中材之人，事關於宦豎，莫不傷氣。況忼慨之士乎！如今朝雖乏人，柰何令刀鋸之餘薦天下豪儁哉！

將宦官的引人嫌惡、卑微，描寫至極，彷彿全天下最沒有用、最低賤的人便屬宦官無疑，然文末又援引先賢獲禍而發憤著書的事蹟以自期，曰：

> 蓋西伯拘而演《周易》；仲尼戹而作《春秋》；屈原放逐，乃賦〈離騷〉；左丘失明，厥有《國語》；孫子臏腳，《兵法》脩列；不韋遷蜀，世傳《呂覽》；韓非囚秦，〈說難〉、〈孤憤〉。《詩》三百篇，大氐賢聖發憤之所為作也。此人皆意有所鬱結，不得通其道，故述往事，思來者。及如左丘明無目，孫子斷足，終不可用，退論書策以舒其憤，思垂空文以自見。（《漢書・司馬遷傳》）

〈太史公自序〉也有類似的自白說：

> 七年而太史公遭李陵之禍，幽於縲紲。乃喟然而嘆曰：「是余之罪也夫！是余之罪也夫！身毀不用矣。」退而深惟曰：「夫《詩》、《書》隱約者，欲遂其志之思也。昔西伯拘羑里，演《周易》；孔子戹陳蔡，作《春秋》；屈原放逐，著〈離騷〉；左丘失明，厥有《國語》；孫子臏腳，而論兵法；不韋遷蜀，世傳《呂覽》；韓非囚秦，〈說難〉、〈孤憤〉；《詩》三百篇，大抵賢聖發憤之所為作也。此人皆意有所鬱結，不得通其道也，故述往事，思來者。」於是卒述陶唐以來，至于麟止，自黃帝始。

此時的司馬遷，在身體上與精神上已是兩隔，身體的司馬遷是污穢不堪的，而精神上的司馬遷卻是高德聖潔可比肩文王、孔子等人。

正是這種極端的一正一反的拉扯，才維護了史遷身心上的平衡；也正是這種一正一反的力量，作為史遷「發憤著書」的強大原動力。

換言之，史遷在行殘處穢的自卑感越重，其精神上所能迸發而出的創作力就越強大，一如近代心理學家阿德勒所說：

> 自卑感本身並不是變態的。它們是人類地位之所以增進的原因。……事實上，依我看來，我們人類的全部文化都是以自卑感爲基礎的。〔註 200〕

又說：

> 例如，有一個人立志要做醫師，……他把他的這種目標作爲補償其特殊自卑感的方法，而我們也必須能夠從他在職業中或在其他處的表現，猜測出他所欲補償的自卑感。例如，我們經常發現：醫師在兒童時期大多很早便認識了死亡的眞面目，而死亡又是給予他們最深刻印象的人類不安全的一面。〔註 201〕

據此，司馬遷才沒有淪爲一個好記人私隱的三流史家；據此，《史記》中散見於諸傳關乎通姦、縱淫的記述才具備了特別的意義。如嫪毐最後身死族滅，膠西王劉端則是絕後國除等等，它不只是一個道德教化上的意義，背後更代表著司馬遷對延續自我生命的說服與救贖。

〔註 200〕〔奧〕阿德勒：《自卑與超越》，頁 55。
〔註 201〕〔奧〕阿德勒：《自卑與超越》，頁 58。

第參章　司馬遷其史學批判思想的核心內涵

本論文於緒論中對「歷史研究」與「史學研究」的差異，已有所闡釋，認為兩者是大集合與小集合的關係，是以仍有分開討論的必要。因為每個人都能從事「歷史研究」，從「往事」借取可用的經驗或想法，以解決現實中的困惑，乃至於疑難。但卻不是每個人都對於「過往」的眞實性，抱有理念性的堅持；或能運用系統性的理論、科學化的方法，針對「過往」進行探究。而後者便屬史學家的權力及責任。

本章欲就兩者的內在本質，進行探究。視前者為「歷史研究」之範疇；後者為「歷史工作」之範疇，因史學家如同「歷史」的債務人，以追述、紀實、保存人性的道德光輝或意志信念為其工作，〔註 1〕如司馬談遺言所述：

〔註 1〕據西蒙・岡恩的研究，法國哲學家保羅・利科（Paul Ricoeur，1913～2005）在闡釋「歷史敘事」與「小說敘事」同樣帶有「虛構」性質的可能時，他認為「道德維度」是一個重要的分別標準。岡恩闡述道：「當純粹的歷史解釋不足以應對相關事件中的道德衝突帶來的難題時，歷史也會求助於虛構的資源庫。大屠殺（筆者案：指法國大革命）就是這方面的例子，它激發了文學創作，其主要目的就在於保存受難者的集體記憶。虛構在此發揮了『服務於不可遺忘的目標』的功能，使得『歷史編纂學不辜負記憶的功能』。」岡恩接著先引述利科語，曰：「一切發生起來，就好像歷史學家知道，他們背負著對前代人，對死者的債務。」並闡述說：「這種債務是永遠都不可能償清的；就此而論，歷史學家總是陷於『債務難於償清』的狀態中。」參見〔英〕西蒙・岡恩（Simon Gunn）著；韓炯 譯：《歷史學與文化理論・敘事》，頁 46～47。。

今漢興，海內一統，明主賢君忠臣死義之士，余爲太史而弗論載，廢天下之史文，余甚懼焉，汝其念哉！（〈太史公自序〉）

而其工作性質，筆者將於第二節進行闡析。於第一節，則先論述史學家與一般知識份子所共通的，欲進行「歷史研究」的目的、本質爲何。

尤其是司馬遷一作爲中國史學奠基的先驅人物，其將先秦以來散亂、零碎的歷史研究概念進行整合，構築出一周延全面的史學思想體系，其如何看待「史學」及自身「史學家」的身份，實有探知、闡釋之價值。

第一節　論歷史研究的目的與作用

「過往」與「現實」是同屬於「歷史」，是一體兩面的概念整體。〔註 2〕人往往不經意的回顧過往史事，以作爲面對當下，甚或面對未來的參考指南。而這個動作則構成「歷史思考」的產生。

何謂「歷史思考」？據德國史學家德羅伊森的解釋：

歷史的思考方式就是指，在這些道德團體（sittliche Mächte）〔註 3〕形之於外的事物中，察得其眞理。〔註 4〕

並且認爲：

〔註 2〕雷戈：《第三種歷史・歷史與現實》，頁 5。

〔註 3〕據胡昌智的解釋，此處所指之「道德團體」，無分別好壞善惡之意，僅是指涉具有內在一致性的單位、或團體。見原注曰：「sittliche Mächte，道德團體。『sittlich』，『道德的』，這個字在這裡沒有實質上好壞的意義，而僅有形式上的意義。康德自然形上學（Metaphysik der Natur）與道德形上學（Metaphysik der Sitten）的用法也一樣，它只當作一個對象的代表詞。Mächte 爲 Macht（力量、權力）的複數。sittliche Mächte 實際上所指的是 Institutionen，如國家、民族、教會、家庭、語言等，這些有內在一致性的單位之所以被稱爲『道德』的，因爲它是人之異於自然，脫離單純本能反應，而成爲人的社會化場所；而且是人的自由及意志所展現之處。」案：筆者認爲此處之「道德」，應理解爲每個人企欲完成的信念或價值觀的履行；又，同樣的「信念」，其價值判斷因人而異，由此異而產生衝突、磨合，「歷史思考」就是針對此衝突、磨合以進行省思，如司馬遷言：「人皆自以爲善，爲之不知其義」（〈太史公自序〉），意指每個人皆認爲自己的價值信念是正確的，但就客觀的歷史角度來看，並不一定。參見〔德〕約翰・古斯塔夫・德羅伊森（Droysen Johann Gustav，1808～1884）著；胡昌智 譯：《歷史知識理論・序言》，頁 5，注釋 1。

〔註 4〕〔德〕約翰・古斯塔夫・德羅伊森（Droysen Johann Gustav，1808～1884）著；胡昌智 譯：《歷史知識理論・導論》，頁 13。

> 該以歷史方式進行思考的人，不只是歷史研究者及寫歷史的人，不管在理論上或實際上，凡是與道德團體（sittliche Mächte）有關連的人，都必須具有理解及掌握此道德團體變化中脈絡的能力。〔註5〕

德羅伊森此語，反映出兩個觀念，第一：「歷史思考」不必然為史學家或某種特定團體所持有，凡是能對於自身信念抱持著理性態度者，都能運用、或都該運用此種「思考方式」。第二：「歷史思考」所欲探尋的是一種「眞理」，即「道德團體」所抱持的信念、或所該抱持的信念，其「眞理內涵」究竟為何；而此種「眞理」必定是超越時空的存在，但仍需從道德團體在時空進展變化中，形之於外的行事、人物去探尋；此即筆者言「過往」與「現實」實為一體兩面的意思，即「歷史」是一種「信念」成長流衍的過程。〔註6〕

是以，能積極且自覺地進行「歷史思考」者，其必定抱持著一種亟欲完成的信念，或某種需待解決的問題。

一、論司馬遷對歷史研究之核心信念的闡釋

（一）以「論治」為核心目的

就阮芝生先生的考述，「司馬遷歷史思考的出發點，在於『論治』」，〔註7〕並分別從司馬遷的史料取材與思想表現兩方面論證。

以史料取材而言，其據〈論六家要旨〉篇首言：「夫陰陽、儒、墨、名、法、道德，此務為治者也。」又據〈滑稽列傳〉引孔子語曰：「六藝於治一也。」阮先生說：「六家皆務為治，六藝於治為一，所著意者，皆在『治』

〔註5〕〔德〕約翰·古斯塔夫·德羅伊森（Droysen Johann Gustav，1808～1884）著；胡昌智 譯：《歷史知識理論·序言》，頁2。

〔註6〕筆者於第一點謂「都能運用、或都該運用」，及第二點謂「所抱持的信念、或所該抱持的信念」，乃是指人的自覺或不自覺，即對於「歷史思考」和「眞理追求」有無謹愼分別的堅持。就第一點而言，有些人或許已經懂得「歷史思考」，且運用「歷史思考」，但他不一定意識到自己的思考方式屬於「歷史的」；有些人只是假借著「歷史思考」的名義自我標榜，但對於「歷史思考」所應有的自主規範毫無堅持。就第二點而言，有些群體是因著同一信念而聚集在一起，如政黨、社團、法人等；有些則是不自覺、或在不可抗力的情形下參與其中，如政府單位、國家民族等，但我們仍會對政府單位或國家民族抱持著一種客觀的信念，即身為政府單位的雇員應當如何如何，身為國家民族的一份子又當如何如何，所以才說「或該抱持的信念」。

〔註7〕阮芝生：〈試論司馬遷所說的「通古今之變」〉，收入《沈剛伯先生八秩榮慶論文集》，頁255。

之一字。」並謂：「他（筆者案：指司馬遷）既要『考信六藝』，又說：『天下言六藝者，皆折衷於夫子。』可見他是主張載籍以六藝爲斷、而六藝以孔子爲歸的。」〔註8〕此爲阮先生從徵引的人物思想方面推知司馬遷之意向。

至於司馬遷自身的思想表現方面，阮先生先引用史遷自道，語曰：「先人有言：『自周公卒五百歲而有孔子。孔子卒後至於今五百歲，有能紹明世，正易傳，繼春秋，本詩書禮樂之際？』意在斯乎！意在斯乎！小子何敢讓焉。」阮先生釋曰：

> 《易傳》、《春秋》與《詩》、《書》、《禮》、《樂》，不就是六藝嗎？換句話說，他所自承不讓的，乃在欲據六藝的思想以從事著述。六藝於治爲一，而其中司馬遷明言要「繼」的《春秋》，更是「長於治人」，故說史公歷史思考的出發點是要「論治」。〔註9〕

阮芝生先生從史遷所引文獻與自我表白兩方面切入，情理賅備，言之成理。但「論治」是否即爲推動司馬遷積極進行「歷史思考」的信念核心，仍有闡釋、商榷的空間，此即以下諸小節所欲探討之論題。

（二）「論治」的預設對象

首先，《史記》的預設讀者爲「後世聖人君子」（〈太史公自序〉）。所謂「聖人」，意即「賢明」，修飾「君子」，當以「治世」爲其核心信念；則司馬遷希望《史記》能爲諸「聖人君子」帶來何種關於「治」的知識價值呢？難道只有治亂興國之法嗎？或許這能從司馬遷「初答壺遂」語中獲得解答，述曰：

> 夫不通禮義之旨，至於君不君，臣不臣，父不父，子不子。夫君不君則犯，臣不臣則誅，父不父則無道，子不子則不孝。此四行者，天下之大過也。以天下之大過予之，則受而弗敢辭。故《春秋》者，禮義之大宗也。夫禮禁未然之前，法施已然之後；法之所爲用者易見，而禮之所爲禁者難知。（〈太史公自序〉）

司馬遷以列舉四種社會身份者爲例，認爲作爲一個國君，不明國君的行事規範應如何，就容易被臣屬侵犯其威嚴；作爲臣屬不明白其規範，就容易落人把柄而遭誅殺；身爲父親不明白其規範，就難以獲取晚輩的敬重感激；身爲

〔註8〕阮芝生：〈試論司馬遷所說的「通古今之變」〉，收入《沈剛伯先生八秩榮慶論文集》，頁255。

〔註9〕阮芝生：〈試論司馬遷所說的「通古今之變」〉，收入《沈剛伯先生八秩榮慶論文集》，頁255。

兒子不明白其規範，就容易招致忤逆不孝的罵名。此四種行爲，乃天下最容易引人關注的行爲，一旦被貼上負面的標籤，也只能承受而難以洗刷。《春秋》便是說明此種規範的根本，其目的則在於避免社會失序而連帶造成的社會動亂產生。

雖然史遷僅羅列了四種身份、兩組社會關係，即君臣與父子，推其意，實舉一以概其他，涵蓋政治、社會、家庭等倫理層面，如夫婦、師徒、司屬、主客等等。如金觀濤言：

> 中國封建社會（筆者案：意即宗法社會）裡，由子孝、婦從、父慈倫理觀念所建立的家庭關係，正是民順、臣忠、君仁的國家社會關係的一個縮影。家庭成爲組織國家的基本單元，是國家的一個同構體。〔註 10〕

金氏進一步解釋由國家而家庭，縮小了社群範圍的互動過程，曰：

> 封建大國可以利用宗法家庭這一同構的中間層次，大大擴充對個人的管理、控制能力。我們知道，在中國封建社會裡，法律往往要借助於宗法組織力量來管束個人的行爲，甚至家庭有著一定的執法權。〔註 11〕

金氏語中的家庭「執法權」，並不像國家執法一樣，有基本法律條文作爲依據，其全憑執法者或仲裁者（於家庭中，此種身份往往由父親擔任），倚靠自身的「價值原則」進行判斷，目的在於通過正確的社會互動規範，以維持家中的秩序；既然沒有明確的法條，此種「價值原則」則類似一種「信念」，完全出自於家中執法者通過理性思考的建構，即何以「治家」的概念。就像德羅伊森所言：

> 國家的理念在父權社會狀況中並非沒有，它只是以家庭的方式落實下來；也並不是沒有法律的理念，只是它落實的形式是家長的權力。〔註 12〕

由此來看，《史記》中揭櫫了各種社會關係，如朋友（〈管晏列傳〉、〈張耳陳餘列傳〉）、夫妻（如〈外戚世家〉）、司屬、主客（〈魏公子列傳〉、〈孟嘗君列

〔註 10〕金觀濤、劉青峯：《興盛與危機：論中國封建社會的超穩定結構》，頁 51。
〔註 11〕金觀濤、劉青峯：《興盛與危機：論中國封建社會的超穩定結構》，頁 51。
〔註 12〕〔德〕約翰・古斯塔夫・德羅伊森（Droysen Johann Gustav，1808～1884）著；胡昌智 譯：《歷史知識理論・方法論》，頁 46。

傳〉等)，可知司馬遷提供「論治」之對象，不單單僅是處理國家政治事務的執政當軸，而是擴及一切的社會關係，上及國事、下迄家事；就其認知而言，每種社會身份都有其應當遵循之「禮」，循禮則治、踰禮則亂。

但人生並沒有一種教科書，以分別教授各種社會身份、或社會關係所當遵循之「禮」爲何，以及「治」的原則、標準又爲何；故需從具體的人事經驗中去認識，去建構此種「治」的價值信念。而《春秋》中所記大大大小、錯綜複雜的社會關係，便是提供人得藉由歷史回顧、理性省思，進以磨合、構築自我價值原則的媒介。

司馬遷語曰：「《春秋》辯是非，故長於治人。」史遷此語之深意，在於使人瞭解自我身處何種社會關係當中，「我」與「他人」正確的互動應當如何；倘若「他人」違反了此種規範，「我」又當如何導正失敗的互動關係，或避免失敗的互動關係所造成的不良影響而反災其身。此即司馬遷「論治」之目的。

然而，既知「論治」的對象爲「一切的社會關係」；「論治」的目的在於使人不引發社會失序，亦不陷入失序的社會環境。但要進一步提問的是，何種情況叫做「失序」，即判斷「治」與「不治」的標準爲何？舉例來說，對於秦始皇而言，萬民皆循其意向而走，便叫「治」；不循其意向而走，即「不治」；但就「萬民」而言，顯然「治」與「不治」的標準，又截然不同。

再者，就個人而言，爲何要求「治」？其背後目的爲何？司馬遷說：

> 《春秋》之中，弒君三十六，亡國五十二，諸侯奔走不得保其社稷者不可勝數。察其所以，皆失其本已。故《易》曰：「失之豪釐，差以千里」。故曰：「臣弒君，子弒父，非一旦一夕之故也，其漸久矣」。故有國者不可以不知《春秋》，前有讒而弗見，後有賊而不知。爲人臣者不可以不知《春秋》，守經事而不知其宜，遭變事而不知其權。爲人君父而不通於《春秋》之義者，必蒙首惡之名。爲人臣子而不通於《春秋》之義者，必陷簒弒之誅，死罪之名。其實皆以爲善，爲之不知其義，被之空言而不敢辭。(〈太史公自序〉)

司馬遷認爲：《春秋》當中這些弒君的逆臣、亡國的昏君、出奔的諸侯，其所以不能保有社稷家國之原因，便在於「失其本」。何爲「本」？「義」以爲「本」。然「義」之具體內涵，司馬遷並無概念性的闡釋，只知《春秋》爲禮、義之大宗根本，其功能可使君主得辨明讒邪小人與亂臣賊子；可使臣子面對日常政務能作適當處置，遭遇緊急事態能作權變處理。更重要的是，爲人君王、父親者，深知此「義」，便能免於輿論的抨擊、非議；爲人臣下、兒子者，深明此「義」，便能避開惡意的構陷、攻訐。

在不諳此「義」之前，這些人都自以爲「善」，意即心安理得，直到災厄降臨，避之實已不及。故史遷謂：「夫《春秋》者，禮義之大宗也」，而個人求「治」的目的則在於防範「未然」，使自己不受「已然」之害，進而獲得心理上的安適自在，因爲不會有人甘於毫無意義的置身於痛苦、困厄的環境當中。

循此理路而言，因著不同的社會身份，會衍生出不同的社會關係，每種社會關係自有其適切的「禮」與「義」，前者是訴諸於外的行事規範，後者是連繫於內的價值標準。禮義合一，則能使此社會關係維持穩定；反之，則會使此社會關係逐漸失衡，直至一方崩塌，乃至滅亡，如史遷於〈禮書〉所論：

> 天下從之者治，不從者亂；從之者安，不從者危。小人不能則也。

此「從」與「不從」者，即指「禮」言，司馬遷認爲能不能從「禮」而行，是「治不治」、「安不安」的關鍵。

（三）小人難與「論治」

其中需要特別闡釋的一點，就是「小人」是無法與之言「禮」、與之論「治」的，因爲他們缺乏「信念」（詳下述）。

張守節將「小人」釋爲「庶民」，見《正義‧禮書》曰：「小人猶庶人也」，又曰：「庶人據於事，不能法禮也。」何謂「據於事」？意即只著眼於當下的現實利益，缺乏長遠的利害剖析。如〈趙世家〉中，李兌所描述的：

> 夫小人有欲，輕慮淺謀，徒見其利而不顧其害，同類相推，俱入禍門。以吾觀之，必不久矣。

因爲小人只顧著滿足欲望，無法進行深入的思考與周密的計畫，將利己視爲理所當然而不顧其害，結果往往是「同類相推，俱入禍門」，難以久存。

值得注意的是，從《史記》來看，身份階級的高低並非區分君子、小人的要素，是否抱持著「信念」才是關鍵。如司馬遷於〈仲尼弟子列傳〉引《論語‧雍也》的記載，曰：

> 子謂子夏曰：「汝爲君子儒，無爲小人儒。」

錢穆釋《論語》此章云：

> 儒，說文術士之稱。謂士之具六藝之能以求仕於時者。儒在孔子時，本屬一種行業，後遂漸成爲學派之稱。……本章儒字尚是行業義。

> 同一行業，亦有人品高下志趣大小之分，故每一行業，各有君子小人。〔註 13〕

故而，縱然是帝王將相，亦會有君子、小人的差別。如秦二世胡亥甫登帝位，便對趙高說：「夫人生居世閒也，譬猶騁六驥過決隙也。吾既已臨天下矣，欲悉耳目之所好，窮心志之所樂，以安宗廟而樂萬姓，長有天下，終吾年壽，其道可乎？」趙高立馬對曰：「此賢主之所能行也，而昏亂主之所禁也。」胡亥爲君子乎？小人乎？不辯自明。

是以君子、小人之差別，除「信念」的有無外，對於「現實利益」的看法，亦是判讀的要素之一，君子僅將其視作手段，而小人則將「現實利益」視爲目的本身。〈貨殖列傳〉曰：

> 禮生於有而廢於無。故君子富，好行其德；小人富，以適其力。

司馬遷認爲禮是隨著個人財富的多寡而與之興滅。但君子一但富有了，會妥善的運用其錢財，以實踐其仁德；小人一但富有了，便會懈怠其責任，享受安逸舒適的生活。前者將財富視作實踐「信念」的手段，後者則將財富視作目的本身，僅遵循其動物性的物質需求本能，毫無「信念」（即身爲「道德團體」的一分子，其自由意志展現的象徵，參見前述關於「道德團體」的注釋）可言，如同德羅伊森所形容的「下層群眾」：

> 由一定社會狀況產生思想，以及把一定的思想實現成爲具體的社會狀況，這就是人類的工作。只見到自己的利益，追求一己的事業，只爲目下此時此刻而活的眾人；只爲維持生活而生活的眾人；只按習慣舊業做事；跟著潮流移動；以及刺激一下動一下的那些大眾，他處在歷史過程中的工作是無所謂意志的，無選擇性，是不自由的。他們是下層群眾。〔註 14〕

據德羅伊森的描述，再對照司馬遷、李兌、錢穆等人的解釋，「小人」的內涵、形象爲何，就更加完整而明顯了。

據是，筆者認爲阮芝生先生謂司馬遷其「歷史研究」的核心內涵在於「論治」的命題，應當進一步理解爲：論人何以「求治」、「行治」，最終「得治」；即「知義得善」，掌握到能使自身安心自得、無羞無愧的行事準則。

〔註 13〕錢穆：《論語新解》，頁 160。

〔註 14〕〔德〕約翰・古斯塔夫・德羅伊森（Droysen Johann Gustav，1808～1884）著；胡昌智 譯：《歷史知識理論・系統論》，頁 87。

（四）「論治」與「義」的關係

但若欲追問司馬遷對「義」一個共通的定義，恐怕司馬遷也沒有明確的答案。因爲就司馬遷載錄其父〈論六家要旨〉所表現的思想來看，關於「義」的標準，沒有法度可言，會因時空與對象之不同而有差別，故曰：「有法無法，因時爲業；有度無度，因物與合。」（〈論六家要旨〉語，下並同）雖然此「義」難以捉摸，但卻不代表它不存在，司馬談譬喻曰：「羣臣並至，使各自明也。」意指這個「義」，就像百官各有其職司、功能一樣，欲掌握自身應當遵循的「禮義」爲何，就必須先釐清自己正身處於何種社會關係當中；換言之，欲釐清身處於何種社會關係中，則必須通過歷史事件，與自身之景況進行對比，以判斷自身之所在位置。司馬談繼言曰：

> 其實中其聲者謂之端，實不中其聲者謂之窾。窾言不聽，姦乃不生，賢不肖自分，白黑乃形。在所欲用耳，何事不成。〔註 15〕

〔註 15〕關於司馬談此語背後所寄寓的抽象思維，筆者認爲需多加解釋，故引《說文解字》針對關鍵字義作疏解，企以詮釋司馬談爲明言的潛在思辨。實者，果也，《說文解字》曰：「果，木實也」，而段注曰實者：「引申之爲艸木之實」，是知實者，可指稱艸木之果實，此處應泛指能發出聲響的器物；而「聲者，音也」，段注云：「生於心有節於外，謂之音。宮商角徵羽，聲也；絲竹金石匏土革木，音也」，意指絲竹金石等器物皆能發出音響，但因著器物材質、規格形狀的不同，音色或聲調自然有別，如司馬遷於〈律書〉記曰：「九九八十一以爲宮。三分去一，五十四以爲徵。三分益一，七十二以爲商。三分去一，四十八以爲羽。三分益一，六十四以爲角」，其意謂：取一長度爲 81 單位的竹管，用以定音發聲則爲「宮」；去其現長三分之一，取長度爲 54 單位，用以發聲則爲「徵」；加上現長三分之一，取長度爲 72 單位，用以發聲則爲「商」；「羽」、「角」皆以此類推，此即因規格形狀不同，聲調有別之例。又因爲器物材質的不同，音色自然有別，而用以定音發聲的規格標準，必然也不同。換言之，同樣發「宮」調，不同材質的器物，自有其不同的需求標準；「音」、「聲」相符則爲「端」，端者，耑也，據許慎《說文解字》曰：「耑，物初生之題也」，段玉裁注曰：「題者，頟也。人體，頟爲冣上。物之初見，即其頟也」，「頟」可理解爲顯而易見、理所當然的道理，舉例而言，一根實心灌滿水泥的樑柱遭拍打時，應當發出沉重結實的聲響，倘若拍打後發出空洞的回聲，表示此根樑柱中心可能遭到其他物質替代，這是不言而自明的，無須待到剖開樑柱方能驗證。而司馬談以聲響爲喻的目的即在此，人若能清楚每種器物，連帶著能夠發出何種聲調和音色，便能很快發現問題癥結，而不會遭人蒙蔽。引文參見〔東漢〕許慎 著；〔清〕段玉裁 注：《說文解字注》，頁 251、340、343、598。

此處司馬談乃是以聲音爲譬喻，謂「音」、「聲」相符即爲「端」；「音」、「聲」不符即爲「窾」；見〈樂書〉云：「凡音者，生人心者也。情動於中，故形於聲，生成文謂之音」，而「聲」、「情」相符，則爲「實」。

若從歷史批判的角度來檢視，其意謂：自身在回顧歷史事件的過程中，怎能知道何爲「義」？何爲「不義」呢？應當檢視事件中，「名」與「實」有無相符，即「外在之行事」與此「行事之內涵」有無合一，譬如袁盎、張湯、公孫弘等人「常引大體忼慨」(〈袁盎鼂錯列傳〉)，博得聲名，但若檢視其實際的行爲舉止，往往與其對外宣稱的背道而馳，此則「實不中其聲者謂之窾」，發聲的器物與實際發出聲響的內容不符也。故司馬談曰：「窾言不聽，姦乃不生，賢不肖自分，白黑乃形。在所欲用耳，何事不成」，當自我能區別「端」(眞實)與「窾」(虛假)的差別時，如何貫徹遵行自身之價值信念，便是再明顯不過之事了。

是故，司馬遷之所以將《史記》比諸《春秋》，其目的便在於使「聖人君子」能從中吸收諸多與「禮」(行事規範)、「義」(行事原則)相關的人事經驗，有表面尊禮、實行不義者，有看似違禮、實則行義者等。既知禮義則當行禮義，以一字囊括其內涵便是「治」，即關於社會上各種人事關係，其各自應有的「禮」、「義」當如何遵行或施行的方法。能進行「歷史思考」的「聖人君子」們，便能藉由《史記》的記載，進行「歷史研究」，並從中提煉出需要的知識，援爲己用，其過程則如德羅伊森所論述的：

> 反省是歷史研究的前提；反省指自覺到我人本身就是歷史演變塑造成的，是承先啓後的。而承先啓後的現象就是記憶。〔註 16〕

此「記憶」指的不是個人的記憶，而是歷史的記憶，即人在歷史脈絡中共同的記憶。人因著現實問題的「反省」，以求助於「歷史」，再從「歷史」的演變脈絡，發現到現實問題的關鍵所在。又曰：

> 知識佔據著我們，而不是我們擁有知識；一直到我們反省，我們經反省而認識我們自己是借知識而成長，自己與知識的界限也逐漸清晰。記憶的能力使我們與知識融合在一起；而反省的能力使我們與記憶兩者區分得開來，也就是說，把客觀與主觀的存在區分開來。〔註 17〕

〔註 16〕〔德〕約翰·古斯塔夫·德羅伊森 (Droysen Johann Gustav，1808～1884) 著；胡昌智 譯：《歷史知識理論·方法論》，頁 17。

〔註 17〕〔德〕約翰·古斯塔夫·德羅伊森 (Droysen Johann Gustav，1808～1884) 著；胡昌智 譯：《歷史知識理論·方法論》，頁 22。

當人能區分「客觀的存在」（歷史脈絡中的存在）與「主觀的存在」（個人生命中的存在），方能切中現實問題的核心，思索正確而有效的對應、解決之道。

然而，要進一步追問的是，「聖人君子」們的治、不治，與司馬遷何干呢？換言之，爲「聖人君子」們提供「治世」的指南，對於司馬遷自身的意義又爲何？此爲下一小節所欲釐清的重點所在。

二、論司馬遷對歷史研究中人生價值的說明

（一）對父志「宣揚漢德」的體認及繼承

影響司馬遷著手《史記》的撰述工作的關鍵人物有二，即孔子與司馬談；而孔子對於司馬遷之所以重要，最主要原因仍是出於父親司馬談的教誨。〈太史公自序〉載司馬談的臨終遺言，曰：

> 太史公執遷手而泣曰：「余先周室之太史也。自上世嘗顯功名於虞夏，典天官事。後世中衰，絕於予乎？汝復爲太史，則續吾祖矣。今天子接千歲之統，封泰山，而余不得從行，是命也夫，命也夫！余死，汝必爲太史；爲太史，無忘吾所欲論著矣。且夫孝始於事親，中於事君，終於立身。揚名於後世，以顯父母，此孝之大者。夫天下稱誦周公，言其能論歌文武之德，宣周邵之風，達太王王季之思慮，爰及公劉，以尊后稷也。幽厲之後，王道缺，禮樂衰，孔子脩舊起廢，論《詩》《書》，作《春秋》，則學者至今則之。自獲麟以來四百有餘歲，而諸侯相兼，史記放絕。今漢興，海內一統，明主賢君忠臣死義之士，余爲太史而弗論載，廢天下之史文，余甚懼焉，汝其念哉！」遷俯首流涕曰：「小子不敏，請悉論先人所次舊聞，弗敢闕。」

司馬談逝世後，司馬遷嘗再次表明父親一心關注之意念所在，曰：

> 太史公曰：「先人有言：『自周公卒五百歲而有孔子。孔子卒後至於今五百歲，有能紹明世，正〈易傳〉，繼《春秋》，本《詩》《書》《禮》《樂》之際？』意在斯乎！意在斯乎！小子何敢讓焉。」

綜合兩段敘述，大抵可將司馬談之囑咐，分作四點來看，第一：復興司馬家中衰之太史職責；第二：仿效周公、孔子「修舊起廢」的事業；第三：不使「天下史文軼事」散失荒廢；第四：繼承周公、孔子五百年天命之運，本六藝、撰經典。

關於司馬談所背負的「世典周史」、「中興其衰」的重擔，本論文第貳章第三節已有詳述。至於「仿效周、孔的事業」與「繼承周、孔的天命」，實可視爲一件事的兩面。「紹明世，正〈易傳〉，繼《春秋》，本《詩》《書》《禮》《樂》」是從現實的意義層面，傳述其工作的目的；「繼承五百年天運」，是從抽象的哲學想像，提供史家對於自我存在認同的價值肯定，兩者爲「歷史研究」提供了實質意義與文化價值。而司馬談對此的體悟與實踐，即是不使「天下史文軼事」散失荒廢，不使「明主賢君忠臣死義之士」的功業譽名，湮沒於過往的塵埃當中，將「論載歷史」視爲「太史令的天職」，〔註 18〕亦是「世典周史」的司馬家必須背負的天命。

從司馬遷再答壺遂問其「何以比之《春秋》論次史文」的辯白中，便可看出其對於父親臨終囑咐的理解及掌握爲何，〈太史公自序〉記曰：

> 余聞之先人曰：「伏羲至純厚，作《易》八卦。堯舜之盛，《尚書》載之，《禮》、《樂》作焉。湯武之隆，詩人歌之。《春秋》采善貶惡，推三代之德，褒周室，非獨刺譏而已也。」漢興以來，至明天子，獲符瑞，封禪，改正朔，易服色，受命於穆清，澤流罔極，海外殊俗，重譯款塞，請來獻見者，不可勝道。臣下百官力誦聖德，猶不能宣盡其意。且士賢能而不用，有國者之耻；主上明聖而德不布聞，有司之過也。且余嘗掌其官，廢明聖盛德不載，滅功臣世家賢大夫之業不述，墮先人所言，罪莫大焉。余所謂述故事，整齊其世傳，非所謂作也，而君比之於《春秋》，謬矣。

司馬遷回憶其父歷數六藝的形成過程及形成背景，點出《六藝》之作「非獨譏刺」而已，還有宣揚德化、歌頌盛世的作用。汪高鑫認爲「致用思想」是傳統史學發展的動力所在，〔註 19〕而「致用思想」的其中一項內涵，就是「歌功頌德」，其中便以司馬談爲代表，述曰：

> 司馬談治史，就具有明顯的「宣漢德」和「頌功臣」思想。在給司馬遷的臨終遺言中，司馬談就講到了歷史上周公、孔子的頌德之功，以及他本人頌漢德未竟的遺憾；而爲了彌補自己這份遺憾，他希望司馬遷「無忘吾欲所論著矣」。〔註 20〕

〔註 18〕汪高鑫：〈司馬談與史記〉，收入《中國史學思想史散論》，頁 172。

〔註 19〕汪高鑫：〈史學「致用」思想與傳統歷史編纂學的發展〉，收入《中國史學思想史散論》，頁 25。

〔註 20〕汪高鑫：〈史學「致用」思想與傳統歷史編纂學的發展〉，收入《中國史學思想史散論》，頁 27。

又曰：

> 司馬談對西漢大一統盛世的出現感到由衷的歡心和鼓舞，認爲作爲這一盛世時期的太史令，如果不能對這種盛世政治加以頌揚，不能對盛世時代的明君賢主忠臣義士的功業加以記載，無疑是一種失職。〔註21〕

而司馬遷於「再答壺遂」的辯白中，則完全展現了他繼承父親這種視「論載歷史是建功立名的偉大事業」，欲著述以比擬周公「論歌文武之德」、孔子「修舊起廢，論作六藝」的歷史精神。〔註22〕

從「再答壺遂」中，司馬遷謂武帝朝「獲符瑞，封禪，改正朔，易服色」，綏服四海，「請來獻見者，不可勝道」；百官力頌聖德，猶未能宣盡其意；而且，欲達盛世，除聖明天子外，必有秉德賢能之大臣輔佐，方得畢其功。據是，司馬遷自認身爲史官，頌天子之德、傳賢臣之業，本是其職責所在，亦爲父親遺願；背離職責，是爲失職，墮先人言，是爲失孝。故而「述故事」、「整齊世傳」，盡其職守而已。

司馬遷於「再答壺遂」中，展現了他對父親欲「宣漢德、頌功臣」的精神意旨，具備完整且清楚的體認和掌握。但筆者以爲，這只是觸發司馬遷投身「歷史研究」的起因，而非最主要的動力所在。尤其是「李陵案」對司馬遷在身心上的衝擊，與連帶而來的痛苦，都逼使他在看待「歷史研究」的課題上，跟司馬談有截然不同的理解和體會。

（二）對老子「天道無親」的質疑及思辨

《老子》曾說：「天道無親，常與善人。」但司馬遷所看到的歷史現實卻是「義人受苦」。「義人受苦」是經驗界的普遍現象，可悲的是：若無此現象，也就不成其世界了。〔註23〕因爲「義」、「不義」無法通過對比以呈現，沒有比較，就沒有中立的標準以衡量兩端。由此，「義人受苦」所帶來的情緒折磨，如何紓解，便成爲關注人生存在意義的一個重要議題所在。

對於一個有宗教信仰的文化體系而言，邪惡勢力所造成的不公、禍亂，或可歸咎於自然法則中，因善惡二元對立所描繪的圖景，說明其必然存在的原因，信仰者縱使感到氣憤、無奈，卻也因爲找到歸咎的對象，致使內心衝

〔註21〕汪高鑫：〈司馬談與史記〉，收入《中國史學思想史散論》，頁174。

〔註22〕汪高鑫：〈司馬談與史記〉，收入《中國史學思想史散論》，頁173。

〔註23〕朱曉海：〈讀伯夷列傳〉，收入《何佑森先生紀念論文集》，頁82。

擊有限。又或如同基督信仰般，通過「神義論」的詮釋，將一切的罪惡視作全知、全能的上帝，其另有意旨的調度；因而再囂張、可怕的惡所以被上帝允許存在，乃是讓它們服務於以至善爲終極目的的宇宙大業。〔註24〕

然而無論是「善惡二元論」，或「神義論」，都使得邪惡勢力有其存在意義上的安置，讓「義人受苦」的現象，顯得別具價值，情緒上的折磨也藉以獲得宣洩、抒發的出口。

但對於沒有明確地宗教信仰的文化體系而言，「義人受苦」的現象所帶給世人的衝擊力道，則造就了更加複雜且多元的價值信念產生。消極者，不過苟全、遁世、隱忍；積極者則試圖改革，其範圍括囊政治、法律、教育，甚或以道德鼓吹爲管道的心靈等各個層面，或者乾脆加入幽暗陣營，既可牟利，又可避免因爲堅守道義而來的苦難。〔註25〕上述種種價值觀的多元並陳，無疑是先秦諸子各家學說之所以派生、流衍活躍的適切註腳。

司馬遷兼具思想家與史學家雙重身份的人格特質，又以融會貫通諸子百家學說「成一家之言」爲己志，〔註26〕對於「義人受苦」之議題，不可能沒有關切和討論。見〈伯夷列傳〉中所記史遷三問，一問：

> 余以所聞由、光義至高，其文辭不少概見，何哉？

二問：

> 孔子曰：「伯夷、叔齊，不念舊惡，怨是用希。」「求仁得仁，又何怨乎？」余悲伯夷之意，睹軼詩可異焉。……由此觀之，怨邪？非邪？

三問：

> 或曰：「天道無親，常與善人。」若伯夷、叔齊，可謂善人者非邪？積仁絜行如此而餓死！且七十子之徒，仲尼獨薦顏淵爲好學。然回也屢空，糟糠不厭，而卒蚤夭。天之報施善人，其何如哉？盜蹠日殺不辜，肝人之肉，暴戾恣睢，聚黨數千人橫行天下，竟以壽終。是遵何德哉？此其尤大彰明較著者也。若至近世，操行不軌，專犯忌諱，而終身逸樂，富厚累世不絕。或擇地而蹈之，時然後出言，行不由徑，非公正不發憤，而遇禍災者，不可勝數也。余甚惑焉，儻所謂天道，是邪？非邪？

〔註24〕朱曉海：〈讀伯夷列傳〉，收入《何佑森先生紀念論文集》，頁82。
〔註25〕朱曉海：〈讀伯夷列傳〉，收入《何佑森先生紀念論文集》，頁82。
〔註26〕張大可：〈司馬遷的一家之言〉，收入《史記研究》，頁476。

此三問皆圍繞「義人」而發，第一問是關於不同思想主張者其解釋歷史的「歧異性」，第二問是關於歷史詮釋者與歷史文獻之間所表現的「歧異性」，第三問是關於歷史價值與歷史現實之間的「歧異性」。其中以第三問，與「義人受苦」之疑難，關係最爲直接，亦屬最爲普遍的關乎人生經歷的疑難。

司馬遷先以老子曰「天道無親，常與善人」發端，隨之立刻提出歷史上的反證，如伯夷、叔齊可謂善人，但卻「積仁絜行如此而餓死」；又孔子「獨薦顏淵爲好學」，但顏回因爲一生窮困潦倒、營養不良而餓死。相較之下，盜蹠「日殺不辜」，「聚黨數千人橫行天下」，最後「竟以壽終」。兩造在具體的行爲中，無不表現出明顯的善惡分野；但就結果論而言，卻反映出對天道的「價值認定」和「實際經驗」之間，有著嚴重的落差。又正是因爲對天道抱持著高度的信任，才會使得此落差反而帶來極大的情緒衝擊。

最關鍵的問題是：此種落差的衝擊，不單是出於對歷史人物的同情，而且是對現實世界人物遭遇所導致心靈上的震撼，即文中所謂的「若至近世，操行不軌，專犯忌諱，而終身逸樂，富厚累世不絕。或擇地而蹈之，時然後出言，行不由徑，非公正不發憤，而遇禍災者，不可勝數也」。

當司馬談之時，正是漢朝歷經四任皇帝、近百年的休養生息、藏富於民的殷盛時刻，漢武盛世成爲司馬談逝世前的最後印象，故其將「宣揚漢德」視作自己「研究歷史」的主要目的，無可厚非。

但司馬遷接手父親的著史志業時，時空背景已產生極大的轉變。《漢書・食貨志上》所描寫的「至武帝之初七十年間，國家亡事，非遇水旱」，「則民人給家足」，「都鄙廩庾盡滿」的富庶榮景，在缺乏人文教化及律法管控的節制下，其必然接踵而來的驕奢浪費、武斷鄉曲、虛浮造僞、玩法貪財等種種惡果，皆在司馬遷之世，一一浮現檯面，如〈酷吏列傳〉中，「乾沒陽慕」的張湯、「好殺伐行威」的王溫舒、「從諛少言」的杜周，乃至於「擅磔人」的李貞，動輒鋸項、推咸的彌僕、駱璧等；又「曲學阿世」、「布被釣名」，卻自比管、晏的公孫弘等，皆以矯法作惡、飾僞謀利爲理所當然，其中或有身敗名裂者，或竟積財善終者，司馬遷無不看在眼裡。

至如義人的蒙難，或命運多舛，亦不在少數，如〈汲鄭列傳〉寫到：

> 鄭莊、汲黯始列爲九卿，廉，內行脩絜。此兩人中廢，家貧，賓客益落。及居郡，卒後家無餘貲財。

鄭莊、汲黯皆為廉潔君子，卻因家道中落、人情冷暖而窮困潦倒，令司馬遷不勝唏噓。又如〈韓長孺列傳〉記韓長孺與壺遂分別因為意外，而錯失擔任漢丞相、輔國行政的機會，曰：

> 安國為人多大略，智足以當世取合，而出於忠厚焉。貪嗜於財。所推舉皆廉士，賢於己者也。於梁舉壺遂、臧固、郅他，皆天下名士，士亦以此稱慕之，唯天子以為國器。安國為御史大夫四歲餘，丞相田蚡死，安國行丞相事，奉引墮車蹇。天子議置相，欲用安國，使使視之，蹇甚，乃更以平棘侯薛澤為丞相。

又：

> 壺遂官至詹事，天子方倚以為漢相，會遂卒。不然，壺遂之內廉行脩，斯鞠躬君子也。

韓長孺「為人多大略，智足以當世取舍」，壺遂則是「內廉行脩」之「躬行君子」，而一以車禍意外，一以病終逝世，皆與漢相身份失之交臂，否則以兩人之外才內廉，必能引導國政於大道之上。

另外，又如李廣祖孫三代，李廣因率軍與匈奴周旋時，中迷失道，不願「復對刀筆之吏」，「遂引刀自剄」。其子三人，長子當戶、次子椒皆先廣而死，季子李敢為報復衛青間接殺害李廣之仇，欲暗行刺殺，不僅失敗，還反遭衛青姻親霍去病射死。李當戶遺腹子李陵，為重振李家門風，積極地代投入對匈奴的戰爭，不幸戰敗，遭匈奴單于擒獲，司馬遷寫其李氏一門最終下場，曰：

> 單于既得陵，素聞其家聲，及戰又壯，乃以其女妻陵而貴之。漢聞，族陵母妻子。自是之後，李氏名敗，而隴西之士居門下者皆用為恥焉。

李氏三代世將，其結局，不僅無一善終、倖免於難，還使家聲頹墮。而司馬遷也因替李陵仗義執言，竟招來禍端。是以，司馬遷讀至《老子》的「天道無親，常與善人」，再對照親見耳聞之現實不公與不幸，這種心理落差，在言語之表，又怎能不質疑天道呢？

但司馬遷是否因為現實與理想中的落差，而對「天道」感到徹底絕望呢？從〈伯夷列傳〉末兩段的反詰來看，顯然沒有。他反而企圖通過諸子思想間的差異，尋繹出關於「天道價值」新的意涵；而將「常與善人」的定義，歸諸道家學說的詮釋。就此來看，〈伯夷列傳〉中的第三問，就全屬針對老子而發了，如朱曉海所闡釋的：

> 司馬遷從沒有質疑天道的存有或至善屬性，他「甚惑」的是某些諸子所描繪的那種屬性及那般運作的天道，它們才是司馬遷第三問「是與非與」的眞正主語，所以才會先用一個假設性詞彙：「儻」，再用一個界定性詞彙：「所謂」，冠在對方說的「天道」之上。〔註27〕

因爲從《史記》中對於人事的記載、評價來看，司馬遷固然相信治亂吉凶在「人」，但他也承認有超於人之上的「天」的力量存在，〔註28〕故而司馬遷才會於〈報任少卿書〉的自白中，將「究天人之際」視作《史記》所寄寓的思想目標之一。

也因著司馬遷這份對理想與現實之間落差的體認，致使他能認清人生所謂的「善不善」、「義不義」並非從生命過程乃至結局的好壞，可以輕易判斷。那是進行價值批判的評斷時，最膚淺的標準，因爲它立基於物質生活的優渥或困窮，或生命存在的長壽或早夭，都是一種在「利」字上頭周旋的判斷標準。而從司馬遷於〈伯夷列傳〉中，繼第三問之後的回應，即可推知司馬遷並不著眼於此，他認爲人生存在價值的意義，需先取決於個人信仰的價值觀爲何，當掌握了價值觀，才有依準進行判斷的依準，述曰：

> 子曰「道不同不相爲謀」，亦各從其志也。故曰「富貴如可求，雖執鞭之士，吾亦爲之。如不可求，從吾所好」。「歲寒，然後知松柏之後凋」。舉世混濁，清士乃見。豈以其重若彼，其輕若此哉？

司馬遷引孔子語以說明世上的價值觀是多元的，不同的價值觀無法相列比擬，故釋曰：「亦各從其志也。」接著分別徵引了孔子於《論語》〈述而〉篇與〈子罕〉篇的談話，進一步補充他的想法。前者喻謂物質的滿足，並非單憑個人的意志便可求得，既然非憑個人的意志而能自由取得，那便該轉向尋求可使精神獲得安適的目標；後者則指出許多價值信仰的意義，是通過時空環境的凸顯以呈現，並舉例說：「舉世混濁，清士乃見」，志節高絜的清士，如無惡劣失序的社會環境襯托，何能彰顯其價值呢？是故，豈能視物質生活的優渥爲當然的進求目標，而避其匱乏。〔註29〕換言之，對

〔註27〕朱曉海：〈讀伯夷列傳〉，收入《何佑森先生紀念論文集》，頁74。

〔註28〕阮芝生：〈試論司馬遷所說的「究天人之際」〉，刊於《史學評論》，第六期，頁52。

〔註29〕據《史記會注考證》記載，關於「重輕所指」，約有六種解釋。其一，司馬貞曰：「按：謂伯夷讓德之重若彼，而采薇餓死之輕若此。」其二，同爲司馬貞曰：「又一解云，操行不軌，富厚累代，是其重若彼；公正發憤而遇禍災，

司馬遷而言，生命遭遇的好壞，並不構成判斷天道意志公正與否的標準。

但司馬遷仍舊未說明，何者爲「判斷天道意志公正與否的標準」，因爲他無法用三言兩語以說清，只能通過具體的人事因果始末的觀察，方能評斷而出，否則也不必將「究天人之際」列爲《史記》所要闡述的思想目的之一。若欲強行描述，則如司馬談於〈論六家要旨〉所述「道家」的內涵一樣：

> 道家無爲，又曰無不爲，其實易行，其辭難知。其術以虛無爲本，以因循爲用。無成埶，無常形，故能究萬物之情。不爲物先，不爲物後，故能爲萬物主。有法無法，因時爲業；有度無度，因物與合。

司馬遷就其父親論「道家」的描述，套用於對「天道」的理解，是可以想見的。這不代表司馬遷的思慮不夠周延或故弄玄虛，而是其清楚的理解到「人事因果的複雜」，非三言兩語可述及，遑論「人事是非的評斷」。

進言之，其賦予自己的任務，即是釐清複雜的人事，呈現人事的是非。見〈伯夷列傳〉末段曰：

> 「君子疾沒世而名不稱焉。」賈子曰：「貪夫徇財，烈士徇名，夸者死權，眾庶馮生。」「同明相照，同類相求。」「雲從龍，風從虎，聖人作而萬物覩。」伯夷、叔齊雖賢，得夫子而名益彰。顏淵雖篤學，附驥尾而行益顯。巖穴之士，趣舍有時，若此類名堙滅而不稱，悲夫！閭巷之人，欲砥行立名者，非附青雲之士，惡能施于後世哉？

「君子疾沒世而名不稱」，其實反過來說，就是人都需要獲得存在價值的認同。此種價值肯定的來源多有不同，司馬遷藉由賈誼的話，列舉了四種類型，有從金錢獲得存在認同的，有從名譽獲得存在認同的，有從權勢獲得存在認同的，有的不過渾渾噩噩，也湊合渡過一輩子了。但此處司馬遷「不

是其輕若此也。」其三，張守節曰：「重謂盜跖等也。輕謂夷、齊、由、光等也。」其四，瀧川資言引顧炎武語，曰：「其重若彼，謂俗人之重富貴也；其輕若此，謂清士之輕富貴也。」其五，瀧川資言次引方苞語，曰：「疊孔子老子之言，而繼以此語，言自聖賢論之，豈以若彼之富貴逸樂爲重；若此之困窮禍災爲輕乎！蓋君子之所謂輕重，與俗異。故曰：『道不同，不相爲謀』」其六，瀧川資言末引恩田仲任語，曰：「重，謂令名；輕謂富貴。」另瀧川資言結曰：「愚案：諸說各異，而顧說爲長。此正承上文道不同句，而未說及名字。」筆者依司馬貞第二種解釋與方苞之說法爲主，將其理解爲：怎麼能夠說天道報施於善人，如果像盜拓般富厚累代就是值得肯定的（因爲善人有善報）；像伯夷、叔齊般遇上災禍，就是不值得肯定的呢（因爲善人無善報）？參氏著：《史記會注考證》，卷 61，頁 15，總頁 848。

只是在說明人的選擇之差異與多樣，更在用以說明：人的存在狀態決定他的生命內容。」〔註 30〕而且，因爲「同明相照，同類相求」之故，其意味著複雜的人事並非無法梳理、釐清，仍舊有跡可尋。而史家的任務，便是按照「生命內容」的差異、跡象以進行區分歸納，爬梳環境對人物之影響，人物交感於環境的應對，「傳事件之實，決事義之準，而使足以稱義的歷史人物，能留名垂範」，使人物、環境交相感應而生的人文世界得以如實呈現。〔註 31〕

司馬遷最後反思到：如果伯夷、叔齊沒有孔子的稱譽，誰能知其賢；若顏淵沒有依附於孔子門下，誰能知其好學；而一些知所進退、行有準則的巖穴之士，如果就這樣湮沒其名，不是非常可惜之事嗎？値得關注的是，司馬遷此種惋惜之情，不單是出於同情的感嘆，實是推己及人的焦慮，如司馬遷於〈報任少卿書〉曰：

> 所以隱忍苟活，函糞土之中而不辭者，恨私心有所不盡，鄙沒世而文采不表於後也。

此不正與「巖穴之士，趣舍有時，若此類名堙滅而不稱，悲夫」的憐惜之情，同出一源嗎？故司馬遷最後反詰道：「閭巷之人，欲砥行立名者，非附青雲之士，惡能施于後世哉？」正因爲「非附青雲之士」，則無法「施於後世」，司馬遷就決定自己要來擔任這個「青雲之士」，使「欲砥行立名者」有所依傍，不至於因「砥行立名」，遭受萬般苦難，最終還落得「名堙滅而不稱」的下場。

據是，徐聖心論「司馬遷心中歷史之所以爲歷史的意義」，曰：

> 司馬遷以爲正由此見證人的超越性力量。君子能從否定他的力量中回首，仍舊肯定此力量的正面性發展，即君子能從經驗的負面性中忘卻其負面性，並由自身內在力量的發用而肯定一切人的內在力量。且此力量乃能穿越現實性的一切封閉阻隔，而有一對自己與人類一種整全的信心。〔註 32〕

〔註 30〕徐聖心：〈史記論「個體與歷史」舉隅——伯夷列傳決疑〉，收入《第五屆漢代文學與思想學術研討會論文集》，頁 73。

〔註 31〕徐聖心：〈史記論「個體與歷史」舉隅——伯夷列傳決疑〉，收入《第五屆漢代文學與思想學術研討會論文集》，頁 73。

〔註 32〕徐聖心：〈史記論「個體與歷史」舉隅——伯夷列傳決疑〉，收入《第五屆漢代文學與思想學術研討會論文集》，頁 76。

正由於司馬遷通過歷史的回顧，見證到諸多仁人君子這種忘卻負面經驗，肯定自身內在力量的堅持，使他相信「天道」絕非如世人所認知般膚淺，其必有一至善向上之力量存在，方能用以支撐人心之信念。

司馬遷之撰《史記》，在「歷史研究」的目的認知上，突破了其父僅停留於「宣揚漢德」的層次，往更深一層的價值意義掘入，使《史記》不至於淪爲一朝一姓之家譜，而有導引人在面對邪惡勢力充斥的環境中，縱使沒有神的所在，仍可藉以思索自我存在價值、實踐準則的鑑戒指南。

第二節　論歷史研究者的權力與義務

前一節述及，每個人皆可以通過回顧歷史以獲得實用之經驗，但並非每個人都對於「過往」的眞實性，抱持著理想性的堅持；或能利用系統性的理論、科學化的方法，針對過往進行探究。

但身爲史學家，即以歷史研究爲職業或志業者，就不得不對歷史紀實、歷史解釋、歷史思想等方面有所講求。就職業而言，提供紀實的歷史予讀者，是其應有的責任；就志業而言，提供紀實的歷史予讀者，更是基本的義務。倘若不能對歷史的眞實性有所要求，在個人意識形態的驅使下，在彼此計算利害的城府中，歷史工作很容易便淪爲打壓、污衊異己，乃至於合法剝削的工具或藉口，如章學誠云：

> 史遷《百三十篇》，〈報任安書〉所謂「究天地之際，通古今之變，成一家之言」。〈自序〉以謂「紹明世，正《易傳》，本《詩》《書》《禮》《樂》之際」，其本旨也。所云發憤著書，不過敘述窮愁，而假以爲辭耳。後人泥於發憤之說，遂謂《百三十篇》，皆爲怨誹所激發，王允亦斥其言爲謗書。於是後世論文，以史遷爲譏謗之能事，以微文爲史職之大權，或從羨慕而倣效爲之；是直以亂臣賊子之居心，而妄附《春秋》之筆削，不亦悖乎！〔註33〕

章學誠認爲司馬遷所謂「發憤著書」，不過是宣洩一時之憤懣窮愁，實在非《史記》本旨所在。但後世讀《史》者，拘於「發憤之說」，「遂謂《百三十篇》皆爲怨誹所激發」，完全不考慮此「發憤之說」，是否於《史記》所記有扞格之處，致使王允直斥《史記》爲謗書，卻完全不提出相應之證據，腹誹殺人，

〔註33〕〔清〕章學誠 著、葉瑛 校注：《文史通義校注・史德》，頁221。

亦不過如此。爾後更有摶撦史遷《史記》爲譏謗之能事，以微文爲史職之大權，進而欣羨之、傚法之；致使章學誠怒斥這些人，實「直以亂臣賊子之居心，而妄附《春秋》之筆削，不亦悖乎！」是故，章學誠於史家三長之才、學、識上，特又冠以「史德」，其意在此。

章氏之說，意味著歷史工作者必須同時講究其權力與義務之對應要求，方不使歷史事實湮沒於「舉之則使上天，按之則使入地」（《北齊書・魏收傳》語）的私心筆削當中，淪爲「羣口沸騰」之穢史。〔註34〕

至如徐復觀論章學誠〈史德〉篇中所云，先是譏斥實齋謂史遷「所云發憤著書，不過敘述窮愁，而假以爲辭」之辯解，爲「中專制之毒太深，鄙陋可笑」。〔註35〕後又據實齋曰：「吾則以爲史遷未敢謗主，讀之者心自不平耳……而不學無識者流，且謂誹君謗主，不妨尊爲文辭之宗焉，大義何由得名，心術何由得正乎」〔註36〕云云之語，謂曰：「此眞所謂卑賤的奴隸道德，章氏實在沒有資格論《史記》。」〔註37〕持平而論，章實齋謂「發憤之說」爲「敘述窮愁」，又謂「史遷未敢謗主」，此二說是否決無疑義，仍有待商榷。

但觀章氏之文意脈絡所述，可知其說法，乃針對肆意摶撦《史記》，將「譏謗」、「微文」視作「史職之大權」的學術霸權者而發，是以用語或不免矯枉過正，必有疏忽之處。徐復觀或出於爲史遷辯駁之心切，未能詳察實齋文中本末因果，強以「專制之毒」、「奴隸道德」貶斥之，亦失公允。此亦可佐知「傳事實之實，決事義之準」，〔註38〕知易行難，不可不愼矣。

一、述往事，思來者：歷史敘事的權力及紀實的義務

司馬遷於〈太史公自序〉中，提及自己因李陵之禍「幽於縲紲」之時，先是怨憎哀嘆「身毀不用矣」，後又「退而深惟」、冷靜思考，言曰：

〔註34〕《北齊書・魏收傳》載曰：「（魏）收性頗急，不甚能平，夙有怨者，多沒其善。每言：『何物小子，敢共魏收作色，舉之則使上天，按之當使入地。』」又：「時論既言收著史不平，文宣詔收於尚書省與諸家子孫共加論討，前後投訴者百有餘人，……但帝先重收才，不欲加罪。……然猶以羣口沸騰，勑魏史且勿施行，令羣官博議。」參《北齊書》卷37，傳29，頁488～489。

〔註35〕徐復觀：《兩漢思想史：卷三・論史記》，頁432，註18。

〔註36〕〔清〕章學誠 著、葉瑛 校注：《文史通義校注・史德》，頁221～222。

〔註37〕徐復觀：《兩漢思想史：卷三・論史記》，頁323。

〔註38〕徐聖心：〈史記論「個體與歷史」舉隅——伯夷列傳決疑〉，收入《第五屆漢代文學與思想學術研討會論文集》，頁73。

> 夫《詩》、《書》，隱約者欲遂其志之思也。昔西伯拘羑里，演《周易》；孔子戹陳蔡，作《春秋》；屈原放逐，著〈離騷〉；左丘失明，厥有《國語》；孫子臏脚，而論《兵法》；不韋遷蜀，世傳《呂覽》；韓非囚秦，〈說難〉、〈孤憤〉；《詩》三百篇，大抵賢聖發憤之所爲作也。此人皆意有所鬱結，不得通其道也，故述往事，思來者。

筆者已於前節提及司馬遷在「歷史研究」的價值目的認知上，與其父已有不同，此處則可作更深入的補述，以解釋司馬遷何以將「歷史研究」提昇到自身之志業的高度，乃基於對此項「工作」之原則有嚴謹的要求。

司馬遷從歷史中觀察到：凡能傳世的經典著述，其作者多先遭困厄以砥礪其心志，如同《孟子・告子下》曰：「天將降大任於是人也，必先苦其心志」云云。其中「隱約者」,「意有所鬱結，不得通其道」，則是作者思想的寄寓所在。「同明相求，同類相照」，史遷歸納對比文王、孔子等人的際遇與著述，除了知道他們皆因「發憤之所爲作」外，其核心目的，大抵皆不脫「述往事，思來者」之旨。

何謂「述往事，思來者」？周一平謂：

> 「述往事，思來者」，即「藏往」、「知來」（原案：《易》：「智以藏往，神以知來」，表達了研究歷史在於探討歷史發展趨勢、方向、知曉未來的思想。……歷史發展的趨勢、未來，是歷代統治者極爲關注的歷史問題和政治問題，也是先秦秦漢思想理論界極爲關注的理論問題。〔註 39〕

司馬遷既以文王、孔子等人作爲自我鼓勵的目標，掌握「述往、思來」的內涵，必是他曾經考量過的課題，史遷又是如何理解「述往、思來」呢？〈太史公自序〉曰：

> 罔羅天下放失舊聞，王迹所興，原始察終，見盛觀衰，論考之行事，略推三代，錄秦漢，上記軒轅，下至於茲。著〈十二本紀〉，旣科條之矣。

此語不僅是序〈本紀〉體例之要旨（參第伍章第二節「論本紀」），亦是解釋司馬遷如何理解「述往、思來」的關鍵。

尤其是「原始察終」、「見盛觀衰」，阮芝生先生認爲：此八字正是司馬遷

〔註 39〕周一平：《司馬遷史學批判及其理論》，頁 28。

自道其「通古今之變」而落實於《史記》中的具體原則。〔註40〕又曰：

> 司馬遷要「通古今之變」，這個「變」字是個很重要的觀念。要深刻認識這個字，必須把「變」、「漸」、「終始」三個觀念串通在一起看。也惟有如此，才可能進一步指出司馬遷研究「變」的方法。〔註41〕

是知司馬遷在理解「述往、思來」的內涵時，其掌握的精義即一「變」字，而司馬遷即從這一「變」字，觀察史事的思想大義。

如〈六國年表序〉曰：

> 秦取天下多暴，然世異變，成功大。傳曰「法後王」，何也？以其近己而俗變相類，議卑而易行也。

司馬遷說：秦朝取天下雖然以暴力，但他能因應以言人君制法，當隨「時代之異而變易其政，則其成功大」（司馬貞《索隱》語），故能成就一統天下的功業。後世傳述此種改革方略爲「法後王」，就是因爲後王的時代與我們相近，風俗變化相差不遠，原先的政策設計仍可適用的緣故。又〈高祖本紀〉贊曰：

> 漢興，承敝易變，使人不倦，得天統矣。

司馬遷說：漢朝興起時，因應過去的弊病，改變了治國的原則，使百姓不因此感到困擾疲倦，故而能獲得上蒼的眷顧。又〈太史公自序〉曰：

> 禮樂損益，律曆改易，兵權山川鬼神，天人之際，承敝通變，作八〈書〉。

語中，司馬遷更是直接將秦、漢所謂「俗變相類」、「承敝易變」的對象，一一指明，就是「禮」、「樂」、「律」等八個面相（參第伍章第二節「論表」）。

從上述司馬遷的理解中，亦可反映出史遷對史學「致用功能」的把握，即企圖重新拉起那條爲時光的塵埃所掩埋的繩索；那條連結著過去與現實，乃至於通往未來的繩索；那條在面對著未知的未來感到焦慮而得以依憑的繩索。如同德羅伊森所言：

> 歷史研究是由研究者所在的社會及其所生存的時間出發，在遺存的材料中找人類過去的思想、過去的狀況。歷史研究一方面由看清了既往而增加現今社會的深度及廣度，一方面又因爲歷史研究者認清

〔註40〕阮芝生：〈試論司馬遷所說的「通古今之變」〉，收入《沈剛伯先生八秩榮慶論文集》，頁258。

〔註41〕阮芝生：〈試論司馬遷所說的「通古今之變」〉，收入《沈剛伯先生八秩榮慶論文集》，頁256。

并追尋隱含在今日生活中的一些因素，而認識到過去的情況。〔註42〕

從司馬遷所回顧的孔子、左丘明、韓非等人，何者不是從現實的環境觸發其欲回顧過往史事的動力契機，再從回顧過程的省思，重新觀察現實，進以謀畫解決疑難的辦法呢？如司馬遷於〈高祖功臣侯者年表序〉曰：「居今之世，志古之道，所以自鏡也。」由此來看史學的「致用思想」，不單單是中國傳統史學的產物，而是「史學本身」的發展過程中應當會產生的功能，只是司馬遷早於德羅伊森幾千年，就體悟到這個道理。

「原始察終」、「見盛觀衰」既爲司馬遷欲「通古今之變」的原則，就必定有其方法上的講究。據阮芝生先生的理解，就「原始察終」而言，大抵可再分爲三層工夫：「謹其終始」、「察其終始」、「綜其終始」。「謹」、「察」、「綜」三字的含義，一層深入一層。「謹其終始」是記其文，將事件的終始得失，如實呈現，意同「咸表終始」之旨；「察其終始」是察其跡，觀察事物的演變發展；「綜其終始」是得其理，通過對事件整體的綜合考察，而從其中尋出演變的規律，看出歷史的意義。〔註43〕

司馬遷於〈高祖功臣侯者年表序〉曰：

帝王者，各殊禮而異務，要以成功爲統紀，豈可緄乎？觀所以得尊寵及所以廢辱，亦當世得失之林也，何必舊聞？於是謹其終始，表其文；頗有所不盡本末，著其明，疑者闕之。後有君子，欲推而列之，得以覽焉。

司馬遷說：帝王各自有不同的禮制，不同的政務問題，總的來說是以成功爲原則，怎可將古今混爲一談？觀察人臣何以得到尊榮，又何以遭受廢辱的原因，也是得失鑑戒的媒介，何必堅持過往的史事方能藉以爲借鑒？所以我恭謹地推究功臣受封的始末，將說明文字列於表中；其中頗有一些無法得知來龍去脈的，能清楚記載的就刊錄之，疑而不能定的就闕而不錄。後來的君子，若有想要繼續加以記述者，便可參考此篇。

史遷諸語，看似與前述提及欲連結過去與現實的要求相互矛盾，實則不然。因其反駁的對象，乃是那些妄自援古議今的「不學無識者」。司馬遷欲貫

〔註42〕〔德〕約翰·古斯塔夫·德羅伊森（Droysen Johann Gustav，1808～1884）著；胡昌智 譯：《歷史知識理論·體裁論》，頁91。

〔註43〕阮芝生：〈試論司馬遷所說的「通古今之變」〉，收入《沈剛伯先生八秩榮慶論文集》，頁258。

通古今，乃是要尋繹其變化的過程和途徑，非是要複製古代生活；因為既知有「變」，則定有不同，既知不同，怎可能使古代生活重現於今呢？前引徐復觀批評章學誠，其疏失正由此而生，即未能辨明敘事者的敘事對象為何？又針對何事而發？皆因心有成見，致未得平允之論。

又周一平釋司馬遷此〈序〉曰：

> 司馬遷說：「頗有不盡本末」，表明他是努力盡其「本末」的，以「不盡本末」為憾為歉為恥。「謹其終始」，謹者，謹慎嚴密，對事物發展的始終進行詳盡嚴密的研究。「後有君子，欲推而列之」，則希望後來人續補後來事，使本末、終始能有所「盡」，能更完美。〔註44〕

周氏此語點出了司馬遷對「歷史研究」一些理想性的堅持，超出一般人的認識，故對戰國以來擅自援古議今、曲解史事的歪風（參見第貳章第一節「戰國時代風氣的激盪」），通過方法原則的嚴格限制，將「歷史研究」提升到學術專業的層次，而「史學」由焉而生。如〈十二諸侯年表〉記司馬遷之批評，曰：「儒者斷其義，馳說者騁其辭，不務綜其終始」，就是指出儒者對待「歷史」，多是斷章取義，如游說之士對待「歷史」，只是擷取其事蹟，援為己說之證。兩者都缺乏對「歷史事實」的堅持，既不能堅持「紀實」的原則，就更遑論「通過對事件整體的綜合考察」，「看出歷史的意義」，並進而提出一勞永逸的正確解決之法。又如〈六國年表〉曰：

> 學者牽於所聞，見秦在帝位日淺，不察其終始，因舉而笑之，不敢道，此與以耳食無異。悲夫！

司馬遷說一般的學者，侷限於自己的聞見，只知道秦朝國祚很短，卻未能觀察其由始至終的演變發展之跡，因而對秦在位之短加以譏笑，不根據具體的事證作實質的討論，這和用耳朵吃飯無甚差別。

綜此來看，司馬遷非常重視「歷史」其始末因果的呈現，既要呈現「歷史」的始末因果，必然就得以「紀實」為根本，故而僅「著其明，疑者闕之」，講求敘事、記載的可信度，期望「欲推而列之」的後世君子「得以覽焉」。當始末因果能如實呈現時，斷章取義的儒者、馳說騁辭的游士、牽於所聞的耳食學者，就無法挾「歷史」作為個人謀私利、釣譽名的工具，如徐復觀所言：

> 史公作史的目的，是要在古今之變中找出人類前進的大方向，人類行為的大準則；亦即是要認取變中之常道。並且必須通過古今之變

〔註44〕周一平：《司馬遷史學批判及其理論》，頁109。

中所認取的常道，才可信其爲常道；否則容易陷於截取變中的假象，將其誤認爲不變之常道。

此「截取變中之常道」者，就如同前引〈六國年表序〉中，司馬遷極力反駁的對象、那些妄自攀比前賢、援古議今的「不學無識者」。

二、明是非，立義法：歷史批判的權力及教化的義務

針對「歷史人物事件」進行是非之批判，錘鍊出具有鑑戒意義的道德知識，實是史家的工作之一。但爲了不使此種「道德知識」遭到濫用，所以必須以「紀實」爲前提，作爲預先之防範。而且史家個人思想的識見卓越，就建立在此「明是非，立義法」的價值判斷標準當中。如司馬遷於〈太史公自序〉論《春秋》，曰：

夫《春秋》，上明三王之道，下辨人事之紀，別嫌疑，明是非，定猶豫，善善惡惡，賢賢賤不肖，存亡國，繼絕世，補敝起廢，王道之大者也。

語中反映了司馬遷認爲「歷史工作」的其中一項重要任務，便是「評定歷史是非」，「是非一明，法在其中」。〔註45〕

法紀一明，社會關係獲得明確的規範，國家就不會引起混亂，而身處於國家之中的個體，其身家性命安全財產，也就不會因此受到損害，如〈太史公自序〉曰：

《春秋》之中，弒君三十六，亡國五十二，諸侯奔走不得保其社稷者不可勝數。察其所以，皆失其本已。故《易》曰：「失之豪釐，差以千里」。故曰「臣弒君，子弒父，非一旦一夕之故也，其漸久矣」。（諸語略見上節所引）

司馬遷在此描述他讀《春秋》的心得，他指出書中記「弒君三十六」，「亡國五十二」，流浪亡命無法保全其國家的諸侯更是不記其數。分析其原因，大抵都是因爲失去做人的根本，意即忘卻了其社會身份應有之分際和規範，即《孟子・離婁上》所云：

夫人必自侮，然後人侮之；家必自毀，而後人毀之；國必自伐，而後人伐之。

〔註45〕周一平：《司馬遷史學批判及其理論》，頁29～30。

人爲群居而能理性思考之動物，故能通過社會共識下的規範，使彼此間不至於相殘相殺；一旦此種共識不爲眾人所遵守，也就失去了約束的作用，社會發生動亂就是遲早的問題。

而且司馬遷指出，此種分際的踰越不是一朝一夕之故，而是積年累月的一點一點的移動此種邊界的位置，如賈誼曰：

> 善不可謂小而無益，不善不可謂小而無傷。非以小善爲一足以利天下，小不善爲一足以亂國家也。當夫輕始而傲微，則其流必至於大亂也，是故子民者謹焉。〔註46〕

對照司馬遷引《易》曰：「失之豪釐，差以千里」，又曰：「臣弒君，子弒父，非一旦一夕故也，其漸久矣」，此意同賈誼「當夫輕始而傲微，則其流必至於大亂也」之旨。

就司馬遷來看，史學家既以「原始察終」爲前提，必然能見得歷史脈絡當中的盛衰變化；既能「見盛觀衰」，便能「綜其終始」，指出問題的關鍵核心所在；既已指出問題的關鍵核心，便能對症下藥，提出應對、注意的準則，此即司馬遷說《春秋》：「別嫌疑，明是非，定猶豫，善善惡惡，賢賢賤不肖，存亡國，繼絕世，補敝起廢，王道之大者也」的整個思維理路所在。

而其目的就在於防微杜漸，使社會關係彼此的邊界、規範，能從史事寄託的義法中確立下來，故曰：

> 故《春秋》者，禮義之大宗也。夫禮禁未然之前，法施已然之後；法之所爲用者易見，而禮之所爲禁者難知。

而「禮之所爲禁者難知」，就在於其能防範「輕始傲微」、「流至大亂」的產生，也正因爲大亂沒有產生，相對之下「禮」的存在就顯得累贅，其功能及重要性，就難爲世俗所理解，進而踰越分際，使社會走上動盪失序的道路上頭。所以史家的責任之一，就是藉由人事經驗，宣揚禮義教化的重要性，以達到提醒的職責。

故司馬遷一再地以孔子作《春秋》爲例證，標舉這種「明是非，立義法」的職責；這種標舉，不是藉孔子以高抬自己，實在是身爲「歷史工作」者不得不背負的責任及權力，如〈太史公自序〉曰：

〔註46〕〔西漢〕賈誼 著；吳雲、李春台 校注：《賈誼集校注・審微》，頁68。

> 周室既衰，諸侯恣行。仲尼悼禮廢樂崩，追脩經術，以達王道，匡亂世反之於正。見其文辭，爲天下制儀法，垂六藝之統紀於後世，作〈孔子世家〉第十七。

又〈十二諸侯年表序〉曰：

> 是以孔子明王道，干七十餘君，莫能用，故西觀周室，論史記舊聞，興於魯而次《春秋》，上記隱，下至哀之獲麟，約其辭文，去其煩重，以制義法，王道備，人事浹。

司馬遷說：當「周室既衰，諸侯恣行」，國家陷入一種每個人都恣意妄為的失序局面。孔子有鑑於世道的混亂，感嘆禮樂不行，遂根據舊有的文獻經典，探索在此之前國家能長治久安的原因，欲藉以「匡亂世反之正」。司馬遷進一步「見其文辭」，得知孔子將自己認知中，每個社會關係應有之歸範、分際一一梳理、說明，以及《六藝》各自的功能，皆寄寓於其文辭當中，使後世得能據以施行。又論述《春秋》之過程，謂其根據「史記舊聞」，「約其辭文，去其煩重」，制定修史的義理法度，賅備王道之精神，使社會人事關係的規範一目了然。

司馬遷不僅援引孔子爲例證，以說明「明是非，立義法」、「行教化」爲史家之職責，他個人亦展現了當仁不讓的意向，見〈報任少卿書〉曰：

> 僕竊不遜，近自託於無能之辭，網羅天下放失舊聞，略考其行事，綜其終始，稽其成敗興壞之紀，上計軒轅，下至于茲，爲十表，本紀十二，書八章，世家三十，列傳七十，凡百三十篇，亦欲以究天人之際，通古今之變，成一家之言。草創未就，會遭此禍，惜其不成，已就極刑而無慍色。僕誠以著此書，藏諸名山，傳之其人，通邑大都，則僕償前辱之責，雖萬被戮，豈有悔哉！然此可爲智者道，難爲俗人言也。〔註 47〕

司馬遷道出自己已將《史記》完成，用以償還自身苟且偷生、大逆不孝的屈辱。但就世俗來看，或許無法理解自己「網羅天下放失舊聞」，「考行事」、「綜終始」，「稽其成敗興壞之紀」的思想寄託，所以只能寄望有「智者」可看出其中的價值，卻無法與俗人言此高遠的理想。

〔註 47〕因《漢書・司馬遷傳》中所載錄之〈報任少卿書〉，於此段多有刪節，故以《文選》所載〈報任少卿書〉爲主。參見〔梁〕蕭統 編；〔唐〕李善 注：《李善注昭明文選》，卷 41，頁 909。

由於此種「明是非，立義法」的批判權力，必須建立在「紀實」之上，方不使「歷史」遭到「不學無識者」的濫用。但近代史學思想之發展，似乎仍視此種「別嫌疑，明是非，定猶豫，善善惡惡，賢賢賤不肖」分別價值的「批判職責」，避之唯恐不及，寧願退居於「敘事」、「紀實」的範疇之中。如著名的史學史家伊格斯（Georg G. Lggers）便以法國年鑑學派為代表而曰：

> 年鑑學派的歷史家不談價值問題，他們關心的是如何利用大量材料勾劃出長期不變的社會結構的眞相。年鑑學派的研究模式完全拋棄了蘭克及啓蒙史學以來的歷史主義研究模式。他們拋棄對政治、軍事、外交事件的重視，拋棄自這些歷史事件中找出「民族精神」、「國家的任務」以及「知識分子政治責任、時代使命」等問題及概念。年鑑史家拋棄了歷史主義的心態，他們不認爲自己高居大眾之上，他們無所懼於大眾的「低級趣味」、「無文化意識」及「盲動」，也沒有教育大眾的使命感；反之，他們自降於與大眾同等的地位。〔註48〕

由此反觀司馬遷謂「然此可爲智者道，難爲俗人言也」，不爲沒有先見之明。司馬遷雖旨在仿效孔子「爲天下制儀法，垂《六藝》之統紀於後世」，然其仍舊認清「君子」與「小人」之間，在「歷史思考」方面的認識（參本章第一節「小人難與「論治」）。同時，這也是史家之所以要擔負「敘事、紀實」和「批判、教化」義務的現實因由所在。

〔註48〕此伊格斯語引自胡昌智的轉譯、敘述。參見胡昌智：《歷史知識與社會變遷》，頁131。